Anne-Catherine Emmerich

La douloureuse passion

de notre seigneur
Jésus Christ

Édition : BoD · Books on Demand, 31 avenue Saint-Rémy,
57600 Forbach, bod@bod.fr
Impression : Libri Plureos GmbH, Friedensallee 273,
22763 Hamburg (Allemagne)
ISBN : 978-2-3224-7925-2
Dépôt légal : Janvier 2025

AVANT PROPOS DU TRADUCTEUR

Celui qui comparera les Méditations suivantes avec le court récit de la sainte Cène dans l'Evangile, sera peut-être frappé de quelques légères différences qui s'y trouvent. Une explication doit être donnée à ce sujet, bien que cet écrit, on ne le dira jamais trop, n'ait point la prétention d'ajouter quoi que ce soit à l'Écriture sainte telle qu'elle a été interprétée par l'Église.

La sœur Emmerich a vu dans l'ordre suivant les circonstances de la Cène : l'agneau pascal est immolé et préparé dans le Cénacle ; le Seigneur tient un discours à cette occasion ; les convives mettent des habits de voyage ; ils mangent debout, à la hâte, l'agneau et les autres mets prescrits par la loi ; on présente deux fois au Seigneur une coupe de vin, il n'en boit pas la seconde fois, mais il la distribue à ses apôtres, en disant : « Je ne boirai plus désormais de ce fruit de la vigne, etc. ». Ils se mettent à table, Jésus parle du traître ; Pierre craint que ce ne soit lui, Judas reçoit du Seigneur le morceau de pain qui le désigne ; on s'apprête pour le lavement des pieds ; dispute entre les apôtres sur la prééminence ; reproches que leur fait Jésus ; lavement des pieds ; Pierre ne veut pas que ses pieds soient lavés ; les pieds de Judas aussi sont lavés ; institution de l'Eucharistie ; Judas communie et quitte la salle ; consécration des huiles et instruction à ce sujet ; ordination de Pierre et des autres apôtres ; dernier discours du Seigneur ; protestations de Pierre ; fin de la Cène.

En adoptant cet ordre, il semble d'abord que l'on se mette en contradiction avec les passages de saint Matthieu (XXVI, 29), et de saint Marc (XIV, 20) où ces paroles : « Je ne boirai pas avec vous, etc. », se trouvent après la consécration, mais dans saint Luc elles sont auparavant. Au contraire, les paroles relatives au traître Judas sont ici comme dans saint Matthieu et dans saint Marc, avant la consécration ; dans saint Luc elles ne viennent qu'après. Saint Jean qui ne raconte pas l'institution de l'Eucharistie, fait entendre que Judas sortit tout de suite après que Jésus lui eut présenté le pain ; mais il est très vraisemblable, d'après le texte des autres Évangélistes, que Judas reçut la sainte communion sous les deux espèces, et plusieurs des Pères, saint Augustin, saint Grégoire le Grand, saint Léon le Grand, le disent expressément ainsi que la tradition de l'Église catholique[1]. D'ailleurs le récit de saint Jean, si l'on prenait à la lettre l'ordre dans lequel

---

[1] Voir dom Ménard, *Sur le Sacrementaire de Saint Grégoire*, note 266.

les faits sont présentés, le mettrait en contradiction non seulement avec saint Matthieu et saint Marc, mais avec lui-même, car il résulte du verset 10, c. XIII, que Judas aussi eut les pieds lavés. Or, le lavement des pieds eut lieu, selon lui, après qu'on eût mangé l'agneau pascal, et ce fut nécessairement pendant qu'on le mangeait que Jésus présenta le pain au traître. Il est clair que les Évangélistes, ici comme en d'autres endroits, préoccupés de l'essentiel, ne se sont point astreints à raconter les détails dans un ordre rigoureux, ce qui explique suffisamment les contradictions apparentes qui existent entre eux. Les contemplations suivantes paraîtront, à qui les lira avec attention, plutôt une concordance simple et naturelle des Évangiles, qu'un récit différent en quoi que ce soit d'essentiel de celui de l'Écriture sainte. Quant à ce qui concerne Melchisédech, il ne faut pas confondre les passages où il est présenté comme un ange, avec une ancienne hérésie d'après laquelle il est le Christ lui-même ou le Saint Esprit ou un Éon. Les termes de l'Épître aux Hébreux semblent désigner un ange, et si la plupart des théologiens, depuis saint Jérôme, ne les ont pas interprétés dans ce sens, c'est uniquement pour ne pas donner un prétexte, même éloigné, à cette hérésie.

I. PRÉPARATIFS DE LA PÂQUE

Le jeudi saint, 13 nisan (29 mars).
Jésus étant âgé de trente-trois ans dix-huit semaines moins un jour[2].

C'est hier soir qu'eut lieu le dernier grand repas du Seigneur et de ses amis, dans la maison de Simon le lépreux, à Béthanie, où Marie-Madeleine répandit pour la dernière fois des parfums sur Jésus : Judas se scandalisa à cette occasion ; il courut à Jérusalem, et complota encore avec les princes des prêtres pour leur livrer Jésus. Après le repas, Jésus revint dans la maison de Lazare, et une partie des apôtres se dirigea vers l'auberge située en avant de Béthanie. Dans la nuit, Nicodème vint encore chez Lazare, et s'entretint longtemps avec le Seigneur ; il retourna à Jérusalem avant le jour, et Lazare l'accompagna une partie du chemin.

Les disciples avaient déjà demandé à Jésus où il voulait manger la Pâque. Aujourd'hui, avant l'aurore, le Seigneur fit venir Pierre, Jacques et Jean : il leur parla beaucoup de tout ce qu'ils avaient à préparer et à ordonner à Jérusalem, et leur dit que, lorsqu'ils monteraient à la montagne de Sion, ils trouveraient l'homme à la cruche d'eau ; ils connaissaient déjà cet homme, car, à la dernière Pâque, à Béthanie, c'était lui qui avait préparé le repas de Jésus ; voilà pourquoi saint Matthieu dit : « un certain homme ». Ils devaient le suivre jusqu'à sa maison, et lui dire : « Le maître vous fait savoir que son temps est proche, et qu'il veut faire la Pâque chez vous ». Ils devaient ensuite se faire montrer le Cénacle qui était déjà préparé, et y faire toutes les dispositions nécessaires.

Je vis les deux apôtres monter à Jérusalem en suivant un ravin au midi du Temple, vers le côté septentrional de Sion. Sur le flanc méridional de la montagne du temple il y avait des rangées de maisons : ils marchaient vis-à-vis ces maisons en remontant un torrent qui les en séparait. Lorsqu'ils eurent atteint les hauteurs de Sion qui dépassent la montagne du Temple, ils se dirigèrent vers le midi, se rencontrèrent, au commencement d'une petite montée, dans le voisinage d'un vieux bâtiment à plusieurs cours, l'homme qui leur avait été désigné : ils le suivirent et lui dirent ce que Jésus leur avait ordonné. Il se réjouit fort à

---

[2] Elle voit le jour de la naissance historique de J.-C. au 30 novembre.

cette nouvelle, et leur répondit qu'un repas avait déjà été commandé chez lui (probablement par Nicodème), qu'il ne savait pas pour qui, et qu'il était charmé d'apprendre que c'était pour Jésus. Cet homme était Héli, beau-frère de Zacharie d'Hébron, dans la maison duquel Jésus, l'année précédente, avait annoncé la mort de Jean-Baptiste. Il n'avait qu'un fils, lequel était lévite, et lié d'amitié avec Luc, avant que celui-ci ne fût venu au Seigneur, et en outre, cinq filles non mariées. Il allait tous les ans à la fête de Pâques avec ses serviteurs, louait une salle et préparait la Pâque pour des personnes qui n'avaient pas d'hôte dans la ville.

Cette année, il avait loué un Cénacle, qui appartenait à Nicodème et à Joseph d'Arimathie. Il en montra aux deux apôtres la situation et la distribution intérieure.

II.   LE CÉNACLE

Sur le côté méridional de la montagne de Sion, non loin du château ruiné de David et du marché qui monte vers ce château du côté du levant, se trouve un ancien et solide bâtiment entre des rangées d'arbres touffus, au milieu d'une cour spacieuse environnée de bons murs. A droite et à gauche de l'entrée, on voit dans cette cour d'autres bâtisses attenantes au mur, notamment à droite, la demeure du majordome, et tout auprès, celle où la sainte Vierge et les saintes femmes se tinrent le plus souvent après la mort de Jésus. Le Cénacle, autrefois plus spacieux, avait alors servi d'habitation aux hardis capitaines de David, et ils s'y exerçaient au maniement des armes. Avant la fondation du Temple, l'arche d'alliance y avait été déposée assez longtemps, et il y a encore des traces de son séjour dans un lieu souterrain. J'ai vu aussi le prophète Malachie caché sous ces mêmes voûtes : il y écrivait ses prophéties sur le saint Sacrement et le sacrifice de la Nouvelle Alliance. Salomon honora cette maison, et il y faisait quelque chose de symbolique et de figuratif que j'ai oublié. Lorsqu'une grande partie de Jérusalem fut détruite par les Babyloniens, cette maison fut épargnée. J'ai vu bien d'autres choses à son sujet, mais je n'en ai retenu que ce que je viens de dire.

Cet édifice était en très mauvais état lorsqu'il devint la propriété de Nicodème et de Joseph d'Arimathie : ils avaient disposé très commodément le bâtiment principal, qu'ils louaient pour servir de Cénacle aux étrangers que les fêtes de Pâques attiraient à Jérusalem. C'est ainsi que le Seigneur s'en était servi à la dernière Pâque. En outre, la maison et ses dépendances leur servaient, pendant toute l'année, de magasin pour des pierres tumulaires et autres, et d'atelier pour leurs ouvriers : car Joseph d'Arimathie possédait d'excellentes carrières dans sa patrie, et il en faisait venir des blocs de pierre, dont on faisait sous sa direction des tombes, des ornements d'architecture et des colonnes qu'on vendait ensuite. Nicodème prenait part à ce commerce, et lui-même aimait à sculpter dans ses moments de loisir. Il travaillait dans la salle ou dans un souterrain qui était au-dessous, excepté à l'époque des fêtes : ce genre d'occupation l'avait mis en rapport avec Joseph d'Arimathie ; ils étaient devenus amis et s'étaient souvent associés dans leurs entreprises.

Ce matin, pendant que Pierre et Jean, envoyés de Béthanie par Jésus, s'entretenaient avec l'homme qui avait loué le Cénacle pour cette année, je vis Nicodème aller et venir dans les bâtiments à gauche de la cour où l'on avait transporté beaucoup de pierres qui obstruaient les abords de la salle à manger. Huit jours auparavant, j'avais vu plusieurs personnes occupées à mettre des pierres de côté, à nettoyer la cour et à préparer le Cénacle pour la célébration de la Pâque ; je pense même qu'il y avait parmi elles des disciples, peut-être Aram et Themeni, les cousins de Joseph d'Arimathie.

Le Cénacle proprement dit est à peu près au milieu de la cour, un peu dans le fond ; c'est un carré long, entouré d'un rang de colonnes peu élevées, qui, si l'on dégage les intervalles entre les piliers, peut être réuni à la grande salle intérieure, car tout l'édifice est comme à jour et repose sur des colonnes et des piliers ; seulement, dans les temps ordinaires, les passages sont fermés par des entre-deux. La lumière entre par des ouvertures au haut des murs. Sur le devant, on trouve d'abord un vestibule, où conduisent trois entrées ; puis on arrive dans la grande salle intérieure, au plafond de laquelle pendent plusieurs lampes : les murs sont ornés pour la fête, jusqu'à moitié de leur hauteur, de belles nattes ou de tapis, et on a pratiqué dans le haut une ouverture, où l'on a étendu comme une gaze bleue transparente.

Le derrière de cette salle est séparé du reste par un rideau du même genre. Cette division en trois parties donne au Cénacle une ressemblance avec le Temple ; on y trouve aussi le parvis, le Saint et le Saint des Saints. C'est dans cette dernière partie que sont déposés, à droite et à gauche, les vêtements et les objets nécessaires à la célébration de la fête. Au milieu est une espèce d'autel. Hors du mur sort un banc de pierre élevé sur trois marches ; sa forme est celle d'un triangle rectangle dont la pointe est tronquée ; ce doit être la partie supérieure du fourneau où l'on fait rôtir l'agneau pascal, car aujourd'hui, pendant le repas, les marches qui sont autour étaient tout à fait chaudes. Il y a sur le côté une sortie conduisant dans la salle qui est derrière cette pierre saillante. C'est là qu'on descend à l'endroit où l'on allume le feu : on arrive aussi par là à d'autres caveaux voûtés, situés au-dessous de la salle. L'autel ou la pierre saillante renferme divers compartiments, comme des caisses ou des tiroirs à coulisse. Il y a aussi, en haut des ouvertures, une espèce de grille en fer, une place pour faire le feu, une autre pour l'éteindre.

Je ne puis pas décrire textuellement tout ce qui se trouve là : cela semble être une espèce de foyer pour faire cuire des pains azymes et d'autres gâteaux pour la Pâque, ou encore pour brûler des parfums et certains restes du repas après la fête : c'est comme une cuisine pascale. Au-dessus de ce foyer ou de cet autel se détache de la muraille une sorte de niche en bois : plus haut se trouve une ouverture avec une soupape, probablement pour laisser sortir la fumée. Devant cette niche ou au-dessus je vis l'image d'un agneau pascal : il avait un couteau dans la gorge et il semblait que son sang coulât goutte à goutte sur l'autel ; je ne me souviens plus bien comment cela était fait. Dans la niche de la muraille, sont trois armoires de diverses couleurs qu'on fait tourner comme nos tabernacles pour les ouvrir ou les fermer ; j'y vis toutes espèces de vases pour la Pâque et des écuelles rondes ; plus tard, le saint Sacrement y reposa.

Dans les salles latérales du Cénacle sont des espèces de couches en maçonnerie disposées en plan incliné, où se trouvent d'épaisses couvertures roulées ensemble, et où l'on peut passer la nuit. Sous tout l'édifice se trouvent de belles caves. L'Arche d'alliance fut déposée autrefois au-dessous de l'endroit même où le foyer a été depuis construit. Sous la maison se trouvent cinq rigoles, qui conduisent les immondices et les eaux sur la pente de la montagne car la maison est située sur un point élevé. J'ai vu précédemment Jésus y guérir et y enseigner : les disciples aussi passaient souvent la nuit dans les salles latérales.

III.   DISPOSITIONS POUR LE REPAS PASCAL

Lorsque les apôtres eurent parlé à Héli d'Hébron, celui-ci rentra dans la maison par la cour ; pour eux, ils tournèrent à droite et descendirent au nord à travers Sion. Ils passèrent un pont et gagnèrent, par un sentier couvert de broussailles, l'autre côté du ravin qui est en avant du Temple et la rangée de maisons qui se trouve au sud de cet édifice.

Là était la maison du vieux Siméon, mort dans le Temple après la présentation du Christ ; et ses fils, dont quelques-uns étaient secrètement disciples de Jésus, y logeaient actuellement. Les apôtres parlèrent à l'un d'eux, qui avait un emploi dans le Temple ; c'était un homme grand et très brun. Ils allèrent avec lui à l'est du Temple, à travers cette porte d'Ophel par où Jésus était entré dans Jérusalem, le jour des Rameaux, et gagnèrent le marché aux bestiaux, situé dans la partie de la ville qui est au nord du Temple. Je vis dans la partie méridionale de ce marché de petits enclos où de beaux agneaux sautaient sur le gazon comme dans de petits jardins. C'étaient les agneaux de la Pâque qu'on achetait là. Je vis le fils de Siméon entrer dans l'un de ces enclos : les agneaux sautaient après lui et le poussaient avec leurs têtes comme s'ils l'eussent connu. Il en choisit quatre, qui furent portés au Cénacle. Je le vis dans l'après-midi s'occuper, au Cénacle, de la préparation de l'agneau pascal.

Je vis Pierre et Jean aller encore dans différents endroits de la ville et commander divers objets. Je les vis aussi devant une porte, au nord de la montagne du Calvaire, dans une maison où logeaient la plupart du temps les disciples de Jésus, et qui appartenait à Séraphia (tel était le nom de celle qui fut appelée depuis Véronique). Pierre et Jean envoyèrent de là quelques disciples au Cénacle et les chargèrent de quelques commissions que j'ai oubliées.

Ils entrèrent aussi dans la maison de Séraphia, où ils avaient plusieurs arrangements à prendre. Son mari, membre du conseil, était la plupart du temps hors de chez lui pour ses affaires, et même lorsqu'il était à la maison, elle le voyait peu. C'était une femme à peu près de l'âge de la sainte Vierge, et depuis longtemps en relation avec la sainte Famille ; car lorsque Jésus enfant resta à Jérusalem après la fête, c'était par elle qu'il était nourri. Les deux apôtres prirent là divers objets, qui furent ensuite portés au Cénacle par des disciples, dans des paniers couverts. C'est là aussi qu'on leur donna le calice dont le Seigneur se servit pour l'institution de la sainte Eucharistie.

IV.   DU CALICE DE LA SAINTE CÈNE

Le calice que les apôtres emportèrent de chez Véronique est un vase merveilleux et mystérieux. Il était resté longtemps dans le Temple, parmi d'autres objets précieux d'une haute antiquité dont on avait oublié l'usage et l'origine. Quelque chose de semblable est arrivé dans l'Église chrétienne, où bien des objets sacrés, précieux par leur beauté, leur antiquité, sont tombés dans l'oubli avec le temps. On avait souvent mis au rebut, vendu, ou fait remettre à neuf de vieux vases et de vieux bijoux enfouis dans la poussière du Temple. C'est ainsi que, par la permission de Dieu, ce saint vase, qu'on n'avait jamais pu fondre à cause de sa matière inconnue, avait été trouvé par les prêtres modernes dans le trésor du Temple parmi d'autres objets hors d'usage, puis vendu à des amateurs d'antiquité. Ce calice, acheté par Séraphia avec tout ce qui s'y rattachait, avait déjà servi plusieurs fois à Jésus pour la célébration des fêtes et à dater de ce jour, il devint la propriété constante de la sainte communauté chrétienne. Ce vase n'avait pas toujours été dans son état actuel : je ne me souviens plus quand on avait mis ensemble les diverses pièces dont il se composait maintenant, ni si c'était par l'ordre du Seigneur. Quoi qu'il en soit, on y avait joint une collection portative d'objets accessoires, qui devaient servir pour l'Institution de la sainte Eucharistie. Le grand calice était posé sur un plateau dont on pouvait tirer encore une sorte de tablette, et autour de lui étaient six petits verres. Je ne me souviens plus si la tablette contenait des choses saintes. Dans ce grand calice se trouvait un autre petit vase ; au-dessus un petit plat, puis un couvercle bombé. Dans le pied du calice était assujettie une cuillère qu'on en tirait facilement. Tous ces vases étaient recouverts de beaux linges et renfermés dans une enveloppe en cuir, si je ne me trompe ; celle-ci était surmontée d'un bouton. Le grand calice se compose de la coupe et du pied qui doit avoir été ajouté plus tard, car ces deux parties sont d'une matière différente. La coupe présente une masse brunâtre et polie en forme de poire ; elle est revêtue d'or, et il y a deux petites anses par où on peut la prendre, car elle est assez pesante. Le pied est d'or vierge artistement travaillé ; il est orné dans le bas d'un serpent et d'une petite grappe de raisin, et enrichi de pierres précieuses.

Le grand calice est resté dans l'église de Jérusalem, auprès de saint Jacques le Mineur, et je le vois maintenant encore conservé quelque part dans cette ville ; il reparaîtra au jour, comme il y est reparu cette fois. D'autres églises se sont partagé les petites coupes qui l'entourent ; l'une d'elles est allée à Antioche, une autre à Éphèse : chacune des sept églises a eu la sienne. Elles appartenaient aux patriarches qui y buvaient un breuvage mystérieux, lorsqu'ils recevaient et donnaient la bénédiction, ainsi que je l'ai vu plusieurs fois[3].

---

[3] La Sœur raconta tout ce qu'il vient d'être dit du calice dans un état d'intuition tranquille et voyant devant elle tout ce qu'elle décrivait. Souvent elle semblait lutter contre ce qui se présentait à elle et poussait des exclamations émouvantes. Pendant son récit relatif à Noé, elle était tout absorbée dans sa vision. A la fin, elle poussa un cri d'effroi, regarda autour d'elle et dit : « Ah ! j'ai peur d'être obligée d'entrer dans l'arche ; je vois Noé, et je croyais que les grandes eaux arrivaient ». Plus tard, étant tout à fait revenue à son état naturel, elle dit : « Ceux qui ont apporté le calice à Noé portaient de longs vêtements blancs et ressemblaient aux trois hommes qui vinrent chez Abraham et lui promirent que Sara enfanterait. Il m'a semblé qu'ils enlevaient de la ville quelque chose de saint qui ne devait pas être détruit avec elle et qu'ils le donnaient à Noé. La ville même périt dans le déluge avec tout ce qu'elle contenait. Le calice fut à Babylone, chez des descendants de Noé restés fidèles au vrai Dieu, ils étaient tenus en esclavage par Sémi-

Le grand calice était déjà chez Abraham : Melchisédech l'apporta avec lui du pays de Sémiramis dans la terre de Canaan, lorsqu'il commença quelques établissements au lieu où fut plus tard Jérusalem ; il s'en servit lors du sacrifice où il offrit le pain et le vin en présence d'Abraham, et il le laissa à ce patriarche. Ce vase avait été aussi dans l'arche de Noé.

Voici des hommes, de beaux hommes qui viennent d'une superbe ville : elle est bâtie à l'antique ; on y adore ce qu'on veut, on y adore même des poissons. Le vieux Noé, avec un pieu sur l'épaule, se tient dans le côté de l'arche ; le bois de construction est rangé tout autour de lui. Non, ce ne sont pas des hommes : ce doit être quelque chose de plus relevé, tant ils sont beaux et sereins ; ils apportent à Noé le calice qui, sans doute, a été égaré quelque part. Je ne sais pas comment s'appelle cet endroit. Il y a dans le calice une espèce de grain de blé, mais plus gros que les nôtres ; c'est comme une graine de tournesol ; et il y a aussi une petite branche de vigne. Ils parlent à Noé de sa grande célébrité ; ils lui disent de prendre ce calice avec lui, qu'il y a là quelque chose de mystérieux. Voyez, il met le grain de blé et la petite branche de vigne dans une pomme jeune qu'il place dans la coupe. Il n'y a point de couvercle au-dessus, car ce qu'il y a mis doit toujours croître en dehors. Le calice est fait d'après un modèle qui, je crois, est sorti de terre quelque part, d'une façon merveilleuse. Il y a là un mystère, mais il est fait sur ce modèle. Ce calice est celui que j'ai vu figurer dans la grande parabole[4], à l'endroit où était le buisson-ardent. Le grain de froment s'est développé jusqu'à l'époque de Jésus-Christ. »

Il[5] fit des fondations profondes à la place où furent ensuite le Cénacle et le Temple et aussi vers le Calvaire. Il y planta le blé et la vigne. « Après le sacrifice de Melchisédec, le Calice resta chez Abraham. Il alla aussi en Égypte, et Moise en fut possesseur. Il était fait d'une matière singulière, compacte, comme celle d'une cloche, et qui ne semblait pas avoir été travaillée comme les métaux, mais

---

ramis. Melchisédech les conduisit dans la terre de Canaan et emporta le calice. Je vis qu'il avait une tente près de Babylone, et qu'avant de les emmener, il y bénit le pain et le leur distribua, sans quoi ils n'auraient pas eu force de le suivre. Ces gens avaient un nom comme Samanéens. Il se servit d'eux et de quelques Cananéens habitant des cavernes, lorsqu'il commença à bâtir sur les collines sauvages où fut depuis Jérusalem ».

[4] Ceci se rapporte à une grande parabole symbolique touchant la séparation du genre humain dès le commencement que malheureusement elle ne raconta pas entièrement et qu'elle oublia ensuite. Dans cette occasion même elle ne parla pas du buisson ardent : toutefois le buisson ardent de Moïse avait, dans d'autres visions, une forme semblable à celle du calice.

[5] Noé.

être le produit d'une sorte de végétation. J'ai vu à travers[6]. Jésus seul savait ce que c'était».

V.   JÉSUS VA À JÉRUSALEM

Le matin, pendant que les deux apôtres s'occupaient, à Jérusalem, des préparatifs de la Pâque, Jésus, qui était resté à Béthanie, fit des adieux touchants aux saintes femmes, à Lazare et à sa mère, et leur donna encore quelques instructions. Je vis le Seigneur s'entretenir seul avec sa mère ; il lui dit, entre autres choses, qu'il avait envoyé Pierre, qui représentait la foi, et Jean, qui représentait l'amour, pour préparer la Pâque à Jérusalem. Il dit de Madeleine, dont la douleur la jetait dans une sorte d'égarement, que son amour était grand, mais encore un peu selon la chair, et qu'à cause de cela, la douleur la mettait hors d'elle-même. Il parla aussi des projets du traître Judas, et la sainte Vierge pria pour lui.

Judas était encore allé de Béthanie à Jérusalem, sous prétexte de faire des payements et divers arrangements. Le matin, Jésus s'enquit de lui auprès des neuf apôtres, quoiqu'il sût très bien ce qu'il faisait. Il courut toute la journée chez des Pharisiens, et arrangea tout avec eux. On lui fit même voir les soldats chargés de s'emparer du Sauveur. Il calcula toutes ses allées et venues de manière à pouvoir expliquer son absence. Il ne revint vers le Seigneur que peu de temps avant la Cène.

J'ai vu tous ses complots et toutes ses pensées. Lorsque Jésus parla de lui à Marie, je vis beaucoup de choses touchant son caractère. Il était actif et serviable, mais plein d'avarice, d'ambition et d'envie, et il ne luttait pas contre ses passions. Il avait fait des miracles et guéri des malades en l'absence de Jésus. Lorsque le Seigneur annonça à la sainte Vierge ce qui allait arriver, elle le pria, de la manière la plus touchante, de la laisser mourir avec lui. Mais il lui recommanda d'être plus calme dans sa douleur que les autres femmes ; il lui dit aussi qu'il ressusciterait, et lui indiqua le lieu où il lui apparaîtrait. Elle ne pleura pas beaucoup, mais elle était profondément triste et plongée dans un recueillement qui avait quelque chose d'effrayant. Le Seigneur la remercia, comme un fils pieux, de tout l'amour qu'elle lui avait porté, et la serra contre son cœur. Il lui dit aussi qu'il ferait spirituellement la Cène avec elle, et lui désigna l'heure où elle la recevrait. Il fit encore à tous de touchants adieux et donna des enseignements sur plusieurs objets.

---

[6] Il est difficile de savoir si elle voulait dire par là que le calice était transparent ou qu'elle a vu à travers, d'une façon surnaturelle.

Jésus et les neuf apôtres allèrent, vers midi, de Béthanie à Jérusalem ; ils étaient suivis de sept disciples qui, à l'exception de Nathanael et de Silas, étaient de Jérusalem et des environs. Parmi eux étaient Jean, Marc et le fils de la pauvre veuve qui le jeudi précédent, avait offert son denier dans le Temple, pendant que Jésus y enseignait. Jésus l'avait pris avec lui depuis peu de jours. Les saintes femmes partirent plus tard.

Jésus et sa suite erraient çà et là autour du mont des Oliviers, dans la vallée de Josaphat et jusqu'au Calvaire. Tout en marchant, il ne cessait de les instruire. Il dit, entre autres choses, aux apôtres que jusqu'à présent il leur avait donné son pain et son vin, mais qu'aujourd'hui il voulait leur donner sa chair et son sang, qu'il leur laisserait tout ce qu'il avait. En disant cela, le Seigneur avait une expression si touchante que toute son âme semblait se répandre au dehors, et qu'il paraissait languir d'amour dans l'attente du moment où il se donnerait aux hommes. Ses disciples ne le comprirent pas : ils crurent qu'il s'agissait de l'agneau pascal. On ne saurait exprimer tout ce qu'il y avait d'amour et de résignation dans les derniers discours qu'il tint à Béthanie et ici. Les saintes femmes se rendirent plus tard dans la maison de Marie, mère de Marc.

Les sept disciples qui avaient suivi le Seigneur à Jérusalem ne firent point ce chemin avec lui : ils portèrent au Cénacle les habits de cérémonie pour la Pâque, les déposèrent et revinrent dans la maison de Marie, mère de Marc. Lorsque Pierre et Jean vinrent de la maison de Séraphia au Cénacle avec le calice, tous les habits de cérémonie étaient déjà dans le vestibule, où ces disciples et quelques autres les avaient apportés. Ils avaient aussi couvert de tentures les murailles nues de la salle, dégage les ouvertures en haut, et apprêté trois lampes suspendues. Pierre et Jean gagnèrent ensuite la vallée de Josaphat, et appelèrent le Seigneur et les neuf apôtres. Les disciples et les amis qui devaient faire aussi la Pâque dans le Cénacle vinrent plus tard.

VI.   DERNIÈRE PÂQUE

Jésus et les siens mangèrent l'agneau pascal dans le Cénacle, divisés en trois troupes de douze, dont chacun, était présidée par l'un d'eux, faisant office de père de famille. Jésus prit son repas avec les douze apôtres dans la salle du Cénacle. Nathanaël le prit avec douze autres disciples dans l'une des salles latérales, douze autres avaient à leur tête Eliacim, fils de Cléophas et de Marie d'Héli, et frère de Marie de Cléophas : il avait été disciple de Jean Baptiste.

Trois agneaux furent immolés pour eux dans le Temple avec les cérémonies habituelles. Mais il y avait un quatrième agneau, qui fut immolé dans le Cénacle; c'est celui-là que Jésus mangea avec les apôtres. Judas ignora cette circonstance, parce qu'il était occupé de ses complots et n'était pas revenu lors de l'immolation de l'agneau: il vint très peu d'instants avant le repas. L'immolation de l'agneau destiné à Jésus et aux apôtres fut singulièrement touchante: elle eut lieu dans le vestibule du Cénacle avec le concours d'un fils de Siméon, qui était Lévite. Les apôtres et les disciples étaient là, chantant le ILe psaume. Jésus parla d'une nouvelle époque qui commençait; il dit que le sacrifice de Moïse et la figure de l'agneau pascal allaient trouver leur accomplissement; mais que, pour cette raison, l'agneau devait être immolé comme il l'avait été autrefois en Égypte, et qu'ils allaient sortir réellement de la maison de servitude.

Les vases et les instruments nécessaires furent apprêtés; on amena un beau petit agneau, orné d'une couronne qui fut envoyée à la sainte Vierge dans le lieu où elle se tenait avec les saintes femmes. L'agneau était attaché le dos contre une planche par le milieu du corps, et il me rappela Jésus lié à la colonne et flagellé. Le fils de Siméon tenait la tête de l'agneau: Jésus le piqua au cou avec la pointe d'un couteau qu'il donna au fils de Siméon pour achever l'agneau. Jésus paraissait éprouver de la répugnance à le blesser; il le fit rapidement, mais avec beaucoup de gravité. Le sang fut recueilli dans un bassin et on apporta une branche d'hysope, que Jésus trempa dans le sang. Ensuite il alla à la porte de la salle, en peignit de sang les deux poteaux et la serrure, et fixa au-dessus de la porte la branche teinte de sang. Il fit ensuite une instruction, et dit, entre autres choses, que l'ange exterminateur passerait outre, qu'ils devaient adorer en ce lieu sans crainte et sans inquiétude lorsqu'il aurait été immolé, lui, le véritable agneau pascal; qu'un nouveau temps et un nouveau sacrifice allaient commencer, qui dureraient jusqu'à la fin du monde.

Ils se rendirent ensuite au bout de la salle, près du foyer où avait été autrefois l'arche d'alliance: il y avait déjà du feu. Jésus versa le sang sur ce foyer et le consacra comme autel. Le reste du sang et la graisse furent jetés dans le feu sous l'autel. Jésus, suivi de ses apôtres, fit ensuite le tour du Cénacle en chantant des psaumes, et consacra en lui un nouveau Temple. Toutes les portes étaient fermées pendant ce temps.

Cependant le fils de Siméon avait entièrement préparé l'agneau. Il l'avait passé dans un pieu: les jambes de devant étaient sur un morceau de bois placé en travers: celles de derrière étaient étendues le long du pieu. Hélas! il ressemblait à Jésus sur la croix, et il fut mis dans le fourneau pour être rôti avec les trois autres agneaux apportés du temple.

Les agneaux de Pâque des Juifs étaient tous immolés dans le vestibule du Temple, et cela en trois endroits : pour les personnes de distinction, pour les petites gens et pour les étrangers. L'agneau pascal de Jésus ne fut pas immolé dans le Temple : tout le reste fut rigoureusement conforme à la loi. Jésus tint plus tard un discours à ce sujet, il dit que l'agneau était simplement une figure, que lui-même devait être, le lendemain, l'agneau pascal, et d'autres choses que j'ai oubliées.

Lorsque Jésus eut ainsi enseigné sur l'agneau pascal et sa signification, le temps étant venu et Judas étant de retour, on prépara les tables. Les convives mirent les habits de voyage qui se trouvaient dans le vestibule, d'autres chaussures, une robe blanche semblable à une chemise, et un manteau, court par-devant et plus long par-derrière ; ils relevèrent leurs habits jusqu'à la ceinture, et ils avaient aussi de larges manches retroussées. Chaque troupe alla à la table qui lui était réservée : les deux troupes de disciples dans les salles latérales, le Seigneur et les apôtres dans la salle du Cénacle. Ils prirent des bâtons à la main et ils se rendirent deux par deux à la table, où ils se tinrent debout à leurs places, appuyant les bâtons à leurs bras et les mains élevées en l'air. Mais Jésus, qui se tenait au milieu de la table, avait reçu du majordome deux petits bâtons un peu recourbés par en haut, semblables à de courtes houlettes de berger. Il y avait à l'un des côtés un appendice formant une fourche, comme une branche coupée. Le Seigneur les mit dans sa ceinture de manière à ce qu'ils se croisassent sur sa poitrine, et en priant il appuya ses bras étendus en haut sur l'appendice fourchu. Dans cette attitude, ses mouvements avaient quelque chose de singulièrement touchant : il semblait que la croix dont il voulait bientôt prendre le poids sur ses épaules dût auparavant leur servir d'appui. Ils chantèrent ainsi : « Béni soit le Seigneur, le Dieu d'Israël ! » ou « Loué soit le Seigneur », etc. Quand la prière fut finie, Jésus donna un des bâtons à Pierre et l'autre à Jean. Ils les mirent de côté ou les firent passer de main en main parmi les saints apôtres. Je ne m'en souviens plus très exactement.

La table était étroite et assez haute pour dépasser d'un demi-pied les genoux d'un homme debout ; sa forme était celle d'un fer à cheval ; vis-à-vis de Jésus, à l'intérieur du demi-cercle, était une place libre pour servir les mets. Autant que je puis m'en souvenir, à la droite de Jésus étaient Jean, Jacques le Majeur et Jacques le Mineur ; au bout de la table, à droite, Barthélémy ; puis, en revenant à l'intérieur, Thomas et Judas Iscariote. A la gauche, Simon, et près de celui-ci, en revenant, Matthieu et Philippe.

Au milieu de la table était l'agneau pascal, dans un plat. Sa tête reposait sur les pieds de devant, mis en croix ; les pieds de derrière étaient étendus, le bord du plat était couvert d'ail. A côté se trouvait un plat avec le rôti de Pâque, puis une assiette avec des légumes verts serrés debout les uns contre les autres, et une seconde assiette, où se trouvaient de petits faisceaux d'herbes amères, semblables à des herbes aromatiques ; puis, encore devant Jésus, un plat avec d'autres herbes d'un vert jaunâtre, et un autre avec une sauce ou breuvage de couleur brune. Les convives avaient devant eux des pains ronds en guise d'assiettes ; ils se servaient de couteaux d'ivoire.

Après la prière, le majordome plaça devant Jésus, sur la table, le couteau pour découper l'agneau. Il mit une coupe de vin devant le Seigneur, et remplit six coupes, dont chacune se trouvait entre les deux apôtres. Jésus bénit le vin et le but ; les apôtres buvaient deux dans la même coupe. Le Seigneur découpa l'agneau ; les apôtres présentèrent tour à tour leurs gâteaux ronds et reçurent chacun leur part. Ils la mangèrent très vite, en détachant la chair des os au moyen de leurs couteaux d'ivoire ; les ossements furent ensuite brûlés. Ils mangèrent très vite aussi de l'ail et des herbes vertes qu'ils trempaient dans la sauce. Ils firent tout cela debout, s'appuyant seulement un peu sur le dossier de leurs sièges. Jésus rompit un des pains azymes et en recouvrit une partie : il distribua le reste. Ils mangèrent ensuite aussi leurs gâteaux. On apporta encore une coupe de vin mais Jésus n'en but point : « Prenez ce vin, dit-il, et partagez-le entre vous ; car je ne boirai plus de vin jusqu'à ce que vienne le royaume de Dieu. » Lorsqu'ils eurent bu, ils chantèrent, puis Jésus pria ou enseigna, et on se lava encore les mains. Alors ils se placèrent sur leurs sièges. Tout ce qui précède c'était fait très vite, les convives restant debout. Seulement vers la fin ils s'étaient un peu appuyés sur les sièges.

Le Seigneur découpa encore un agneau, qui fut porté aux saintes femmes dans l'un des bâtiments de la cour où elles prenaient leur repas. Les apôtres mangèrent encore des légumes et de la laitue avec la sauce. Jésus était extraordinairement recueilli et serein : je ne l'avais jamais vu ainsi. Il dit aux apôtres d'oublier tout ce qu'ils pouvaient avoir de soucis. La sainte Vierge aussi, à la table des femmes, était pleine de sérénité. Lorsque les autres femmes venaient à elle et la tiraient par son voile pour lui parler, elle se retournait avec une simplicité qui me touchait profondément.

Au commencement, Jésus s'entretint très affectueusement avec ses apôtres, puis il devint sérieux et mélancolique. « Un de vous me trahira, dit-il, un de vous dont la main est avec moi à cette table. » Or, Jésus servait de la laitue, dont il n'y avait qu'un plat, à ceux qui étaient de son côté, et il avait chargé Judas, qui était à peu près en face de lui, de la distribuer de l'autre côté. Lorsque Jésus parla d'un traître, ce qui effraya beaucoup les apôtres, et dit : « Un homme dont la main est à la même table ou au même plat que moi », cela signifiait : « Un des douze qui mangent et qui boivent avec moi, un de ceux avec lesquels je partage mon pain. » Il ne désigna donc pas clairement Judas aux autres, car mettre la main au même plat était une expression indiquant les relations les plus amicales et les plus intimes. Il voulait pourtant donner un avertissement à Judas, qui, en ce moment même, mettait réellement la main dans le même plat que le Sauveur, pour distribuer de la laitue. Jésus dit encore : « Le Fils de l'homme s'en va, comme il est écrit de lui ; mais malheur à l'homme par qui le Fils de l'homme sera livré : il vaudrait mieux pour lui n'être jamais né. »

Les apôtres étaient tout troublés et lui demandaient tour à tour : « Seigneur, est-ce moi ? » car tous savaient bien qu'ils ne comprenaient pas entièrement ses paroles. Pierre se pencha vers Jean par-derrière Jésus, et lui fit signe de demander au Seigneur qui c'était ; car, ayant reçu souvent des reproches de Jésus, il tremblait qu'il n'eût voulu le désigner. Or, Jean était à la droite de Jésus et comme tous, s'appuyant sur le bras gauche, mangeaient de la main droite, sa tête était près de la poitrine de Jésus. Il se pencha donc sur son sein et lui dit : « Seigneur, qui est-ce ? » Alors il fut averti que Jean avait Judas en vue. Je ne vis pas Jésus prononcer ces mots : « Celui auquel je donne le morceau de pain que j'ai trempé » ; je ne sais pas s'il le dit tout bas, mais Jean en eut connaissance lorsque Jésus trempa le morceau de pain entouré de laitue, et le présenta affectueusement à Judas, qui demanda aussi : « Seigneur, est-ce moi ? » Jésus le regarda avec amour et lui fit une réponse conçue en termes généraux. C'était, chez les Juifs, un signe d'amitié et de confiance. Jésus le fit avec une affection cordiale, pour avertir Judas sans le dénoncer aux autres. Mais celui-ci était intérieurement plein de rage. Je vis, pendant tout le repas, une petite figure hideuse assise à ses pieds, et qui montait quelquefois jusqu'à son cœur. Je ne vis pas Jean redire à Pierre ce qu'on avait appris de Jésus ; mais il le tranquillisa d'un regard.

VII.   LE LAVEMENT DES PIEDS

Ils se levèrent de table, et pendant qu'ils arrangeaient leurs vêtements, comme ils avaient coutume de le faire pour la prière solennelle, le majordome entra avec deux serviteurs pour desservir, enlever la table du milieu des sièges qui l'environnaient et la mettre de côté. Quand cela fut fait, il reçut de Jésus l'ordre de faire porter de l'eau dans le vestibule, et il sortit de la salle avec les serviteurs. Alors Jésus, debout au milieu des apôtres, leur parla quelque temps d'un ton solennel. Mais j'ai vu et entendu tant de choses jusqu'à ce moment qu'il ne m'est pas possible de rapporter avec certitude le contenu de son discours ; je me souviens qu'il parla de son royaume, de son retour vers son père, ajoutant qu'auparavant il leur laisserait tout ce qu'il possédait, etc. Il enseigna aussi sur la pénitence, l'examen et la confession des fautes, le repentir et la justification. Je sentis que cette instruction se rapportait au lavement des pieds, et je vis aussi que tous reconnaissaient leurs péchés et s'en repentaient, à l'exception de Judas. Ce discours fut long et solennel. Lorsqu'il fut terminé, Jésus envoya Jean et Jacques le Mineur chercher l'eau préparée dans le vestibule, et dit aux apôtres de ranger les sièges en demi-cercle. Il alla lui-même dans le vestibule, déposa son manteau, se ceignit et mit un linge autour de son corps. Pendant ce temps, les apôtres échangèrent quelques paroles, se demandant quel serait le premier parmi eux ; car le Seigneur leur avait annoncé expressément qu'il allait les quitter et que son royaume était proche, et l'opinion se fortifiait de nouveau chez eux qu'il avait une arrière-pensée secrète, et qu'il voulait parler d'un triomphe terrestre qui éclaterait au dernier moment.

Jésus étant dans le vestibule, fit prendre à Jean un bassin et à Jacques une outre pleine d'eau ; puis, le Seigneur ayant versé de l'eau de cette outre dans le bassin, ordonna aux disciples de le suivre dans la salle où le majordome avait placé un autre bassin vide plus grand que le premier.

Jésus, entrant d'une manière si humble, reprocha aux apôtres, en peu de mots, la discussion qui s'était élevée entre eux ; il leur dit, entre autres choses, qu'il était lui-même leur serviteur et qu'ils devaient s'asseoir pour qu'il leur lavât les pieds. Ils s'assirent donc dans le même ordre que celui où ils étaient placés à la table, les sièges étant rangés en demi-cercle. Jésus allait de l'un à l'autre, et leur versait sur les pieds, avec la main, de l'eau du bassin que tenait Jean ; il prenait ensuite l'extrémité du linge qui le ceignait, et il les essuyait. Jean vidait chaque fois l'eau dont on s'était servi dans le bassin placé au milieu de la salle, et revenait près du Seigneur avec son bassin. Alors Jésus faisait, de nouveau, couler l'eau de l'outre que portait Jacques dans le bassin qui était sous les pieds des apôtres et les essuyait encore. Le Seigneur qui s'était montré singulièrement affectueux pendant tout le repas pascal s'acquitta aussi de ces humbles fonctions avec l'amour le plus touchant. Il ne fit pas cela comme une pure cérémonie, mais comme un acte par lequel s'exprimait la charité la plus cordiale.

Lorsqu'il vint à Pierre, celui-ci voulut l'arrêter par humilité et lui dit : « Quoi ! Seigneur, vous me laveriez les pieds ! » Le Seigneur lui répondit : « Tu ne sais pas maintenant ce que je fais, mais tu le sauras par la suite. » Il me sembla qu'il lui disait en particulier : « Simon, tu as mérité d'apprendre de mon père qui je suis, d'où je viens et où je vais ; tu l'as seul expressément confessé : c'est pourquoi je bâtirai sur toi mon Église, et les portes de l'enfer ne prévaudront point contre elle. Ma force doit rester près de tes successeurs jusqu'à la fin du monde.» Jésus le montra aux autres apôtres, et leur dit que lorsqu'il n'y serait plus, Pierre devait remplir sa place auprès d'eux. Pierre lui dit: «Vous ne me laverez jamais les pieds.» Le Seigneur lui répondit: «Si je ne te lave pas, tu n'auras point de part avec moi.» Alors Pierre lui dit: «Seigneur, lavez-moi non seulement les pieds, mais encore les mains et la tête.» Et Jésus lui répondit: «Celui qui a déjà été lavé n'a plus besoin que de se laver les pieds: il est pur dans tout le reste. Pour vous aussi vous êtes purs; mais non pas tous.» Il désignait Judas par ces paroles. Il avait parlé du lavement des pieds comme d'une purification des fautes journalières, parce que les pieds, sans cesse en contact avec la terre, s'y salissent incessamment si l'on manque de vigilance. Ce lavement des pieds fut spirituel et comme une espèce d'absolution. Pierre, dans son zèle, n'y vit qu'un abaissement trop grand de son maître: il ne savait pas que Jésus, pour le sauver, s'abaisserait le lendemain jusqu'à la mort ignominieuse de la croix.

Lorsque Jésus lava les pieds à Judas, ce fut de la manière la plus touchante et la plus affectueuse: il approcha son visage de ses pieds; il lui dit tout bas qu'il devait rentrer en lui-même, que depuis un an il était traître et infidèle. Judas semblait ne vouloir pas s'en apercevoir, et adressait la parole à Jean; Pierre s'en irrita et lui dit: «Judas, le Maître te parle!» Alors Judas dit à Jésus quelque chose de vague, d'évasif, comme: «Seigneur, à Dieu ne plaise!» Les autres n'avaient point remarqué que Jésus s'entretint avec Judas, car il parlait assez bas pour n'être pas entendu d'eux; d'ailleurs ils étaient occupés à remettre leurs chaussures. Rien de toute la passion n'affligea aussi profondément le Sauveur que la trahison de Judas.

Jésus lava encore les pieds de Jean et de Jacques. Jacques s'assit et Pierre tint l'outre: puis Jean s'assit et Jacques tint le bassin. Il enseigna ensuite sur l'humilité: il leur dit que celui qui servait les autres était le plus grand de tous, et qu'ils devaient dorénavant se laver humblement les pieds les uns aux autres; il dit encore, touchant leur discussion sur la prééminence, plusieurs choses qui se trouvent dans l'Evangile: après quoi il remit ses habits. Les apôtres déployèrent leurs vêtements qu'ils avaient relevés pour manger l'agneau pascal.

VIII.   INSTITUTION DE LA SAINTE EUCHARISTIE

Sur l'ordre du Seigneur, le majordome avait de nouveau dressé la table, qu'il avait quelque peu exhaussée ; il la couvrit d'un tapis sur lequel il étendit une couverture rouge, et par-dessus celle-ci une couverture blanche ouvrée à jour. Ayant ensuite replacé la table au milieu de la salle, il mit dessous une urne pleine d'eau et une autre pleine de vin. Pierre et Jean allèrent dans la partie de la salle où se trouvait le foyer de l'agneau pascal pour y prendre le calice qu'ils avaient apporté de chez Séraphia, et qui était dans son enveloppe. Ils le portèrent entre eux deux comme s'ils eussent porté un tabernacle, et le placèrent sur la table devant Jésus. Il y avait là une assiette ovale avec trois pains azymes blancs et minces, qui étaient rayés de lignes régulières ; il y avait trois de ces lignes dans la largeur, et chaque pain était à peu près une fois plus long que large. Ces pains, où Jésus avait déjà fait de légères incisions pour les rompre plus facilement furent placés sous un linge auprès du demi-pain déjà mis de côté par Jésus lors du repas pascal : il y avait aussi un vase d'eau et de vin, et trois boîtes, l'une d'huile épaisse, l'autre d'huile liquide, et la troisième vide avec une cuiller à spatule.

Dès les temps anciens, on avait coutume de partager le pain et de boire au même calice à la fin du repas c'était un signe de fraternité et d'amour usité pour souhaiter la bienvenue et pour prendre congé ; je pense qu'il doit y avoir quelque chose à ce sujet dans l'Écriture sainte. Jésus, aujourd'hui, éleva à la dignité du plus saint des sacrements cet usage qui n'avait été jusqu'alors qu'un rite symbolique et figuratif. Ceci fut un des griefs portés devant Caïphe par suite de la trahison de Judas : Jésus fut accusé d'avoir ajouté aux cérémonies de la Pâque quelque chose de nouveau : mais Nicodème prouva par les Écritures que c'était un ancien usage.

Jésus était placé entre Pierre et Jean : les portes étaient fermées, tout se faisait avec mystère et solennité. Lorsque le calice fut tiré de son enveloppe, Jésus pria et parla très solennellement. Je vis Jésus leur expliquer la Cène et toute la cérémonie : cela me fit l'effet d'un prêtre qui enseignerait aux autres à dire la sainte Messe.

Il retira du plateau sur lequel se trouvaient les vases une tablette à coulisse, prit un linge blanc qui couvrait le calice et l'étendit sur le plateau et la tablette. Je le vis ensuite ôter de dessus le calice une plaque ronde qu'il plaça sur cette même tablette. Puis il retira les pains azymes de dessous le linge qui les couvrait, et les mit devant lui sur cette plaque ou patène. Ces pains, qui avaient la forme d'un carré oblong, dépassaient des deux côtés la patène, dont les bords cependant étaient visibles dans le sens de la largeur. Ensuite il rapprocha de lui le calice, en retira un vase plus petit qui s'y trouvait, et plaça à droite et à gauche les six petits verres dont il était entouré. Alors il bénit le pain, et aussi les huiles, à ce que je crois ; il éleva dans ses deux mains la patène avec les pains azymes, leva les yeux, pria, offrit, remit de nouveau la patène sur la table et la recouvrit. Il prit ensuite le calice, y fit verser le vin par Pierre, et l'eau qu'il bénit auparavant, par Jean, et y ajouta encore un peu d'eau qu'il versa dans une petite cuiller : alors il bénit le calice, l'éleva en priant, en fit l'offrande et le replaça sur la table.

Jean et Pierre lui versèrent de l'eau sur les mains au-dessus de l'assiette où les pains azymes avaient été placés précédemment : il prit avec la cuiller, tirée du pied du calice, un peu de l'eau qui avait été versée sur ses mains, et qu'il répandit sur les leurs ; puis l'assiette passa autour de la table, et tous s'y lavèrent les mains. Je ne me souviens pas si tel fut l'ordre exact des cérémonies : ce que je sais, c'est que tout me rappela d'une manière frappante le saint sacrifice de la Messe et me toucha profondément.

Cependant Jésus devenait de plus en plus affectueux ; il leur dit qu'il allait leur donner tout ce qu'il avait, c'est-à-dire lui-même : c'était comme s'il se fût répandu tout entier dans l'amour. Je le vis devenir transparent ; il ressemblait à une ombre lumineuse. Se recueillant dans une ardente prière, il rompit le pain en plusieurs morceaux, qu'il entassa sur la patène en forme de pyramide ; puis, du bout des doigts, il prit un peu du premier morceau, qu'il laissa tomber dans le calice. Au moment où il faisait cela, il me sembla voir la sainte Vierge recevoir le sacrement d'une manière spirituelle, quoiqu'elle ne fût point présente là[7]. Je ne sais comment cela se fit, mais je crus la voir qui entrait sans toucher la terre, et venait en face du Seigneur recevoir la sainte Eucharistie, puis je ne la vis plus, Jésus lui avait dit le matin, à Béthanie, qu'il célébrerait la Pâque avec elle d'une manière spirituelle, et il lui avait indiqué l'heure où elle devait se mettre en prière pour la recevoir en esprit.

Il pria et enseigna encore : toutes ses paroles sortaient de sa bouche comme du feu et de la lumière, et entraient dans les apôtres, à l'exception de Judas. Il prit la patène avec les morceaux de pain (je ne sais plus bien s'il l'avait placée sur le calice) et dit : « Prenez et mangez, ceci est mon corps, qui est donné pour vous. » En même temps, il étendit sa main droite comme pour bénir, et, pendant qu'il faisait cela, une splendeur sortit de lui ; ses paroles étaient lumineuses : le pain l'était aussi et se précipitait dans la bouche des apôtres comme un corps brillant ; c'était comme si lui-même fût entré en eux. Je les vis tous pénétrés de lumière. Judas seul était ténébreux.

Il présenta d'abord le pain à Pierre, puis à Jean[8] ; ensuite il fit signe à Judas

---

[7] Dans une autre occasion, Anne Catherine vit la présence spirituelle de la sainte Vierge d'une manière si vive qu'elle en parla comme d'une présence corporelle.

[8] Elle n'était pas très certaine que la chose se fût faite dans cet ordre ; une autre fois elle avait vu Jean recevoir de sacrement le dernier.

de s'approcher; celui-ci fut le troisième auquel il présenta le sacrement, mais ce fut comme si la parole du Sauveur se détournait de la bouche du traître et revenait à lui. J'étais tellement troublée, que je ne puis rendre les sentiments que j'éprouvais. Jésus lui dit: «Fais vite ce que tu veux faire.» Il donna ensuite le sacrement au reste des apôtres, qui s'approchèrent deux à deux, tenant tour à tour l'un devant l'autre, un petit voile empesé et brodé sur les bords qui avait servi à recouvrir le calice.

Jésus éleva le calice par ses deux anses jusqu'à la hauteur de son visage, et prononça les paroles de la consécration; pendant qu'il le faisait, il était tout transfiguré et comme transparent; il semblait qu'il passât tout entier dans ce qu'il allait leur donner. Il fit boire Pierre et Jean dans le calice qu'il tenait à la main, et le remit sur la table. Jean, à l'aide de la petite cuiller, versa le sang divin du calice dans les petits vases, et Pierre les présenta aux apôtres, qui burent deux dans la même coupe. Je crois, mais sans en être bien sûre, que Judas prit aussi sa part du calice. Il ne revint pas à sa place, mais sortit aussitôt du Cénacle. Les autres crurent, comme Jésus lui avait fait un signe, qu'il l'avait chargé de quelque affaire. Il se retira sans prier et sans rendre grâces, et vous pouvez voir par là combien l'on a tort de se retirer sans actions de grâces après le pain quotidien et après le pain éternel. Pendant tout le repas, j'avais vu près de Judas une hideuse petite figure rouge, qui avait un pied comme un os desséché, et qui quelquefois montait jusqu'à son cœur; lorsqu'il fut devant la porte, je vis trois démons autour de lui: l'un entra dans sa bouche, l'autre le poussait, le troisième courait devant lui. Il était nuit, et on aurait cru qu'ils l'éclairaient; pour lui, il courait comme un insensé.

Le Seigneur versa dans le petit vase dont j'ai déjà parlé un reste du sang divin qui se trouvait au fond du calice. Puis il plaça ses doigts au-dessus du calice, et y fit verser encore de l'eau et du vin par Pierre et Jean. Cela fait, il les fit boire encore dans le calice, et le reste, versé dans les coupes, fut distribué aux autres apôtres. Ensuite Jésus essuya le calice, y mit le petit vase où était le reste du sang divin, plaça au-dessus la patène avec les fragments du pain consacré, puis remit le couvercle, enveloppa le calice et le replaça au milieu des six petites coupes. Je vis, après la résurrection, les apôtres communier avec le reste du saint Sacrement.

Je ne me souviens pas d'avoir vu que le Seigneur ait lui-même mangé et bu le pain et le vin consacrés, à moins qu'il ne l'ait fait sans que je m'en sois aperçue. En donnant l'Eucharistie, il se donna de telle sorte qu'il m'apparut comme sorti de lui-même et répandu au dehors dans une effusion d'amour miséricordieux. C'est quelque chose qui ne peut s'exprimer. Je n'ai pas vu non plus que Melchisédech, lorsqu'il offrit le pain et le vin, y ait goûté lui-même. J'ai su pourquoi les prêtres y participent, quoique Jésus ne l'ait point fait[9].

Il y eut quelque chose de très régulier et de très solennel dans les cérémonies dont Jésus accompagna l'institution de la sainte Eucharistie, quoique ce fussent en même temps des enseignements et des leçons. Aussi je vis les apôtres noter ensuite certaines choses sur les petits rouleaux qu'ils portaient avec eux. Tous ses mouvements à droite et à gauche étaient solennels comme toujours lorsqu'il priait. Tout montrait en germe le saint sacrifice de la Messe. Pendant la cérémonie, je vis les apôtres, à diverses reprises, s'incliner l'un devant l'autre, comme font nos prêtres.

IX.   INSTRUCTIONS SECRÈTES ET CONSPIRATIONS

Jésus fit encore une instruction secrète. Il leur dit comment ils devaient conserver le saint Sacrement en mémoire de lui jusqu'à la fin du monde ; il leur enseigna quelles étaient les formes essentielles pour en faire usage et le communiquer, et de quelle manière ils devaient, par degrés, enseigner et publier ce mystère, il leur apprit quand ils devaient manger le reste des espèces consacrées, quand ils devaient en donner à la sainte Vierge, et comment ils devaient consacrer eux-mêmes lorsqu'il leur aurait envoyé le Consolateur. Il leur parla ensuite du sacerdoce, de l'onction, de la préparation du saint Chrême et des saintes huiles[10]. Il y avait là trois boîtes, dont deux contenaient un mélange d'huile et de baume, et qu'on pouvait mettre l'une sur l'autre, il y avait aussi du coton près du calice. Il leur enseigna à ce sujet plusieurs mystères, leur dit comment il fallait préparer le saint Chrême, à quelles parties du corps il fallait l'appliquer, et dans quelles occasions. Je me souviens, entre autres choses, qu'il mentionna un cas où la sainte Eucharistie n'était plus applicable : peut-être cela se rapportait-il à l'Extrême Onction ;

---

[9] Pendant qu'elle parlait, elle regarda tout à coup autour d'elle comme si elle écoutait. Elle reçut une explication dont elle ne put communiquer que ceci : « Si les anges l'avaient distribué, ils n'y auraient point participé ; si les prêtres n'y participaient pas, l'Eucharistie se serait perdue : c'est par là qu'elle se conserve. »

[10] Ce n'est pas sans étonnement que l'éditeur, quelques années après ces communications, a lu dans l'édition latine du catéchisme romain (Mayence, chez Muller), à l'occasion du sacrement de la Confirmation, que, selon la tradition du saint pape Fabien, Jésus-Christ a appris à ses apôtres la préparation du saint Chrême après l'Institution de l'Eucharistie. Ce pape dit notamment au 54ᵉ paragraphe de sa seconde épître aux évêques d'Orient : « Nos prédécesseurs ont reçu des apôtres et nous ont enseigné que Notre Seigneur Jésus-Christ, après avoir fait la Cène avec ses apôtres et leur avoir lavé les pieds, leur a appris à préparer le saint Chrême ».

mes souvenirs sur ce point ne sont pas très clairs. Il parla de diverses onctions, notamment de celle des rois, et dit que les rois, même injustes, qui étaient sacrés, tiraient de là une force intérieure et mystérieuse qui n'était pas donnée aux autres. Il mit de l'onguent et de l'huile dans la boîte vide, et en fit un mélange. Je ne sais pas positivement si c'est dans ce moment, ou lors de la consécration du pain, qu'il bénit l'huile.

Je vis ensuite Jésus oindre Pierre et Jean, sur les mains desquels il avait déjà, lors de l'institution du saint Sacrement, versé l'eau qui avait coulé sur les siennes, et auxquels il avait donné à boire dans le calice. Puis, du milieu de la table, s'avançant un peu sur le côté, il leur imposa les mains, d'abord sur les épaules et ensuite sur la tête.

Pour eux, ils joignirent leurs mains et mirent leurs pouces en croix, ils se courbèrent profondément devant lui, peut-être s'agenouillèrent-ils. Il leur oignit le pouce et l'index de chaque main, et leur fit une croix sur la tête avec le Chrême. Il dit aussi que cela leur resterait jusqu'à la fin du monde. Jacques le Mineur, André, Jacques le Majeur et Barthélémy reçurent aussi une consécration. Je vis aussi qu'il mit en croix, sur la poitrine de Pierre, une sorte d'étole qu'on portait autour du cou, tandis qu'il la passa en sautoir aux autres, de l'épaule droite au côté gauche. Je ne sais pas bien si ceci se fit lors de l'institution du saint Sacrement ou seulement lors de l'onction.

Je vis que Jésus leur communiquait par cette onction quelque chose d'essentiel et de surnaturel que je ne saurais exprimer. Il leur dit que, lorsqu'ils auraient reçu le Saint Esprit, ils consacreraient le pain et le vin et donneraient l'onction aux autres apôtres. Il me fut montré ici qu'au jour de la Pentecôte, avant le grand baptême, Pierre et Jean imposèrent les mains aux autres apôtres, et qu'ils les imposèrent à plusieurs disciples huit jours plus tard. Jean, après la résurrection, administra pour la première fois le saint Sacrement à la sainte Vierge. Cette circonstance fut fêtée parmi les apôtres. L'Église n'a plus cette fête ; mais je la vois célébrer dans l'Église triomphante. Les premiers jours qui suivirent la Pentecôte, je vis Pierre et Jean seuls consacrer la sainte Eucharistie ; plus tard, d'autres consacrèrent aussi.

Le Seigneur consacra encore du feu dans un vase d'airain ; il resta toujours allumé par la suite, même pendant de longues absences ; il fut conservé à côté de l'endroit où était déposé le saint Sacrement, dans une partie de l'ancien foyer pascal, et on l'y alla toujours prendre pour des usages spirituels. Tout ce que Jésus fit lors de l'institution de la sainte Eucharistie et de l'onction des apôtres se passa très secrètement, et ne fut aussi enseigné qu'en secret. L'Église en a conservé l'essentiel en le développant sous l'inspiration du Saint Esprit pour l'accommoder à ses besoins. Les apôtres assistèrent le Seigneur lors de la préparation et de la consécration du saint Chrême, et lorsque Jésus les oignit et leur imposa les mains, cela se fit d'une façon solennelle.

Pierre et Jean furent-ils consacrés tous deux comme évêques, ou seulement Pierre comme évêque et Jean comme prêtre[11]? Quelle fut l'élévation en dignité des quatre autres? C'est ce que je ne saurais dire. La manière différente dont le Seigneur plaça l'étole des apôtres semble se rapporter à des degrés différents de consécration.

Quand ces saintes cérémonies furent terminées, le calice près duquel se trouvait aussi le saint Chrême fut recouvert et le saint Sacrement fut porté par Pierre et Jean dans le derrière de la salle, qui était séparé du reste par un rideau et qui fut désormais le sanctuaire. Le lieu où reposait le saint Sacrement n'était pas fort élevé au-dessus du fourneau pascal. Joseph d'Arimathie et Nicodème prirent soin du sanctuaire et du Cénacle pendant l'absence des Apôtres.

Jésus fit encore une longue instruction et pria plusieurs fois. Souvent il semblait converser avec son Père céleste: il était plein d'enthousiasme et d'amour. Les apôtres aussi étaient remplis d'allégresse et de zèle, et lui faisaient différentes questions auxquelles il répondait. Tout cela doit être en grande partie dans l'Écriture sainte. Il dit à Pierre et à Jean qui étaient assis le plus près de lui différentes choses qu'ils devaient communiquer plus tard, comme complément d'enseignements antérieurs, aux autres apôtres, et ceux-ci aux disciples et aux saintes femmes, selon la mesure de leur maturité pour de semblables connaissances. Il eut un entretien particulier avec Jean; je me rappelle seulement qu'il lui dit que sa vie serait plus longue que celle des autres. Il lui parla aussi de sept Églises, de couronnes, d'anges et lui fit connaître plusieurs figures d'un sens profond et mystérieux qui désignaient, à ce que je crois, certaines époques. Les autres apôtres ressentirent, à l'occasion de cette confidence particulière, un léger mouvement de jalousie.

Il parla aussi de celui qui le trahissait. «Maintenant il fait ceci ou cela,» disait-il; et je voyais, en effet, Judas faire ce qu'il disait. Comme Pierre assurait avec beaucoup de chaleur qu'il resterait toujours fidèlement auprès de lui, Jésus lui dit: «Simon, Simon, Satan vous a demandé pour vous cribler comme du froment; mais j'ai prié pour toi, afin que ta foi ne défaille point.»

«Quand une fois tu seras converti, confirme tes frères.» Comme il disait encore qu'ils ne pouvaient pas le suivre où il allait, Pierre dit qu'il le suivrait jusqu'à

---

[11] Après la Pentecôte, elle vit saint Jean, lui aussi, imposer les mains: la première supposition paraît donc plus probable.

la mort, et Jésus répondit : « En vérité, avant que le coq n'ait chanté trois fois, tu me renieras trois fois ». Comme il leur annonçait les temps difficiles qui allaient venir, il leur dit : « Quand je vous ai envoyés, sans sac, sans bourse, sans souliers, avez-vous manqué de quelque chose ? » « Non », répondirent-ils. « Maintenant, » reprit-il, « que celui qui a un sac et une bourse les prenne. Que celui qui n'a rien vende sa robe pour acheter une épée, car on va voir l'accomplissement de cette prophétie : *Il a été mis au rang des malfaiteurs. Tout ce qui a été écrit de moi va s'accomplir.* » Les apôtres n'entendirent tout ceci que d'une façon charnelle, et Pierre lui montra deux épées, elles étaient courtes et larges comme des couperets. Jésus dit : « C'est assez, sortons d'ici. » Alors ils chantèrent le chant d'actions de grâces, la table fut mise de côté, et ils allèrent dans le vestibule.

Là, Jésus rencontra sa mère Marie, fille de Cléophas, et Madeleine, qui le supplièrent instamment de ne pas aller sur le mont des Oliviers ; car le bruit s'était répandu qu'on voulait s'emparer de lui. Mais Jésus les consola en peu de paroles et passa rapidement : il pouvait être neuf heures. Ils redescendirent à grands pas le chemin par où Pierre et Jean étaient venus au Cénacle, et se dirigèrent vers le mont des Oliviers.

J'ai toujours vu ainsi la Pâque et l'institution de la sainte Eucharistie. Mais mon émotion était autrefois si grande que mes perceptions ne pouvaient être bien distinctes : maintenant je l'ai vue avec plus de netteté. C'est une fatigue et une peine que rien ne peut rendre. On aperçoit l'intérieur des cœurs, on voit l'amour sincère et cordial du Sauveur, et l'on sait tout ce qui va arriver. Comment serait-il possible alors d'observer exactement tout ce qui n'est qu'extérieur ? On est plein d'admiration, de reconnaissance et d'amour ; on ne peut comprendre l'aveuglement des hommes ; on pense avec douleur à l'ingratitude du monde entier et à ses propres péchés.

Le repas pascal de Jésus se fit rapidement, et tout y fut conforme aux prescriptions légales. Les Pharisiens y ajoutaient çà et là quelques observances minutieuses.

X. MELCHISÉDECH

Lorsque Notre Seigneur Jésus Christ prit le calice lors de l'institution de la sainte Eucharistie, j'eus une autre vision qui se rapportait à l'Ancien Testament. Je vis Abraham agenouillé devant un autel ; dans le lointain étaient des guerriers avec des bêtes de somme et des chameaux ; un homme majestueux s'avança près d'Abraham et plaça sur l'autel le même calice dont Jésus se servit plus tard. Je vis que cet homme avait comme des ailes aux épaules; il ne les avait pas réellement; mais c'était un signe pour m'indiquer qu'un ange était devant mes yeux. C'est la première fois que j'ai vu des ailes à un ange. Ce personnage était Melchisédech. Derrière l'autel d'Abraham, montaient trois nuages de fumée: celui du milieu s'élevait assez haut; les autres étaient plus bas.

Je vis ensuite deux rangs de figures se terminant à Jésus. David et Salomon s'y trouvaient[12]. Je vis des noms au-dessus de Melchisédech, d'Abraham et de quelques rois. Puis je revins à Jésus et au calice.

Melchisédech avait déjà le calice. Je vis qu'Abraham devait savoir d'avance qu'il viendrait sacrifier; car il avait élevé un bel autel, au-dessus duquel était comme une tente de feuillage. Il y avait aussi une sorte de tabernacle où Melchisédech plaça le calice. Les vases où l'on buvait semblaient être de pierres précieuses. Il y avait un trou sur l'autel, probablement pour le sacrifice. Abraham avait amené un superbe troupeau. Lorsque ce patriarche avait reçu le mystère de la promesse, il lui avait été révélé que le prêtre du Très-Haut célébrerait devant lui le sacrifice qui devait être institué par le Messie et durer éternellement. C'est pourquoi, lorsque Melchisédech fit annoncer son arrivée par deux coureurs dont il se servait souvent, Abraham l'attendit avec une crainte respectueuse, et éleva l'autel et la tente de feuillage.

Je vis qu'Abraham plaça sur l'autel, comme il le faisait toujours en sacrifiant, quelques ossements d'Adam; Noé les avait gardés dans l'arche. L'un et l'autre priaient Dieu d'accomplir la promesse qu'il avait faite à ces os, et qui n'était autre que le Messie. Abraham désirait vivement la bénédiction de Melchisédech.

La plaine était couverte d'hommes, de bêtes de somme et de bagages. Le roi de Sodome était avec Abraham sous la tente. Melchisédech vint d'un lieu qui fut depuis Jérusalem; il y avait abattu une forêt et jeté les fondements de quelques édifices; un bâtiment semi-circulaire était à moitié achevé et un palais était commencé. Il vint avec une bête de somme grise, ce n'était pas un chameau, ce n'était pas non plus notre âne; cet animal avait le cou large et court. Il était très léger à la course, il portait d'un côté un grand vaisseau plein de vin et de l'autre une caisse où se trouvaient des pains aplatis et différents vases. Les vases, en forme de petits tonneaux, étaient transparents comme des pierres précieuses. Abraham vint à la rencontre de Melchisédech. Je vis celui-ci entrer dans la tente derrière l'autel, offrir le pain et le vin en les élevant dans ses mains, les bénir et

---

[12] Etait-ce la suite des possesseurs du calice, des sacrificateurs, ou des ancêtres de Jésus? La sœur a oublié de le dire.

les distribuer : il y avait dans cette cérémonie quelque chose de la sainte Messe. Abraham reçut un pain plus blanc que les autres, et but du calice qui servit ensuite à la Cène de Jésus, et qui n'avait pas encore de pied. Les plus distingués d'entre les assistants distribuèrent ensuite au peuple qui les entourait du vin et des morceaux de pain.

Il n'y eut pas de consécration : les anges ne peuvent pas consacrer. Mais les oblations furent bénies, et je les vis reluire. Tous ceux qui en mangèrent furent fortifiés et élevés vers Dieu, Abraham fut aussi béni par Melchisédech : je vis que c'était une figure de l'ordination des prêtres. Abraham avait déjà reçu la promesse que le Messie sortirait de sa chair et de son sang. Il me fut enseigné plusieurs fois que Melchisédech lui avait fait connaître ces paroles prophétiques sur le Messie et son sacrifice : « Le Seigneur a dit à mon Seigneur, asseyez-vous à ma droite[13] jusqu'à ce que je réduise vos ennemis à vous servir de marchepied. Le Seigneur l'a juré et ne s'en repentira pas. Vous êtes prêtre dans l'éternité selon l'ordre de Melchisédech. » Je vis aussi que David, lorsqu'il écrivit ces paroles, eut une vision de la bénédiction donnée par Melchisédech à Abraham. Abraham, ayant reçu le pain et le vin, prophétisa et parla par avance de Moise, des lévites, et de ce que le premier donna à ceux-ci en partage.

Je ne sais pas si Abraham offrit aussi lui-même ce sacrifice. Je le vis ensuite donner la dîme de ses troupeaux et de ses trésors ; j'ignore ce que Melchisédech en fit ; je crois qu'il la distribua. Melchisédech ne paraissait pas vieux ; il était svelte, grand, plein d'une douce majesté ; il avait un long vêtement, plus blanc qu'aucun vêtement que j'aie jamais vu ; le vêtement blanc d'Abraham paraissait terne à côté. Lors du sacrifice, il mit une ceinture où étaient brodés quelques caractères, et une coiffure blanche semblable à celle que portèrent plus tard les prêtres. Sa longue chevelure était d'un blond clair et brillant comme de la soie ; il avait une barbe blanche, courte et pointue, son visage était resplendissant. Tout

---

[13] A propos de ces mots « Asseyez-vous à ma droite », elle s'exprima ainsi : « Le côté droit a une grande et mystérieuse signification. La génération éternelle du Fils m'est quelquefois montrée dans des figures de la Sainte Trinité que le langage ne saurait rendre, et alors je vois le Fils dans le côté droit du Père. Je vois ensuite la figure que vit Moïse dans le buisson ardent, elle m'apparaît dans un triangle lumineux, au sommet duquel est le Saint Esprit. Ceci peut s'exprimer d'une manière précise mais dans ces figures, mises à la portée d'une pauvre créature humaine, le Fils est toujours à la droite. Eve fut tirée du côté droit d'Adam ; sans la chute les hommes seraient sortis du côté droit ; c'est dans le côté droit que les patriarches portaient la bénédiction de la promesse, et ils plaçaient leurs enfants à droite lorsqu'ils les bénissaient. Le côté droit du Christ fut ouvert par la lance du soldat. Dans les visions, on voit l'Eglise sortir de cette blessure. En entrant dans cette Eglise, on entre dans le côté droit du Sauveur et on arrive par lui et en lui jusqu'au Père. »

le monde le traitait avec respect ; sa présence répandait partout la vénération et un calme majestueux. Il me fut dit que c'était un ange sacerdotal et un messager de Dieu. Il était envoyé pour établir diverses institutions religieuses. Il conduisait les peuples, déplaçait les races, fondait les villes. Je l'ai vu en divers lieux avant le temps d'Abraham. Ensuite je ne l'ai plus revu.

LA DOULOUREUSE PASSION

Bois gravés
par
Malo Renault

On se lasse de tout,
Excepté de connaître

I

Quand la Sainte Vierge eut fait la douloureuse rencontre de son divin Fils chargé du fardeau de la croix et qu'elle fut tombée sans connaissance, Jeanne Chusa, Suzanne, Salomé de Jérusalem, Jean et les neveux de Joseph d'Arimathie l'emportèrent non sans peine dans l'intérieur de la maison ; et elle fut de nouveau séparée de son Fils bien aimé, alors qu'il succombait sous le poids de ses douleurs. Son amour pour son Fils, le désir qu'elle avait d'être avec lui, de partager toutes ses souffrances et de ne pas l'abandonner aussi longtemps qu'il serait sur la terre lui donnèrent une force surnaturelle. Ils se rendirent tous ensemble à la maison de Lazare, située à l'extrémité de la ville. Plusieurs des saintes femmes qui s'y étaient déjà réunies à Marthe et Magdeleine qui fondaient en pleurs et poussaient des cris déchirants ; je vis aussi dans cette maison plusieurs enfants. Ce fut de cette maison qu'ils partirent pour recommencer encore le parcours de la voie douloureuse. Ils étaient au nombre de dix-sept.

Graves et silencieux, ils restaient insensibles aux railleries du peuple ; d'ailleurs la dignité de leur douleur commandait le respect. Je les vis se rendre d'abord au forum et baiser la terre à l'endroit où Jésus s'était chargé du fardeau de la croix. De là ils parcoururent toute la voie douloureuse, honorant chacun des lieux où le divin Maître avait plus particulièrement souffert et cherchant à retrouver la trace de ses pas. Marie qui avait partout suivi son Fils en esprit et partagé ses souffrances, dirigeait dans leur pèlerinage ses amis qui l'entouraient ; comme tous les détails de la passion lui étaient présents, elle s'arrêtait tour à tour dans chacun des lieux marqués par la douleur de son fils et elle les signalait à leurs pieux hommages. Ce fut ainsi que la plus touchante de toutes les dévotions du christianisme fut gravée dans le cœur amoureux de la Sainte Vierge avec le glaive dont lui avait parlé le vieillard Siméon. Elle la transmit à ceux qui l'accompagnaient et ceux-ci, à leur tour, la transmirent aux générations suivantes : présent infiniment précieux que le Sauveur fit à sa mère et qui passa de son cœur dans le cœur de ses enfants par une tradition constante et digne de tout notre respect. Quand on voit ces choses comme je les vois, on trouve qu'aucune tradition n'est plus sainte et plus vivante que celle-là. De tout temps, les Juifs avaient la pieuse coutume de marquer les lieux où s'étaient passés des événements importants, d'y amasser des pierres et de s'y rendre souvent pour prier. Ainsi la dévotion du Chemin de la Croix n'est pas née du caprice des hommes : elle repose sur la nature même des choses, sur la suite des desseins de Dieu sur son peuple ; et c'est la plus tendre des mères qui l'a inaugurée la première, en parcourant à la suite du Sauveur toutes les stations de la voie douloureuse.

Cependant étant arrivés à la maison de Véronique, ils y entrèrent, parce que Pilate qui avait accompagné le cortège jusqu'à la porte traversait alors la rue avec ses cavaliers et ses deux cents soldats. Chez Véronique, ils considérèrent avec larmes et sanglots le suaire qui portait l'empreinte de Notre-Seigneur et exaltèrent la miséricorde dont il avait usé envers son humble servante. Ils emportèrent le vase contenant le vin aromatique que Véronique n'avait pu offrir au Seigneur et se dirigèrent vers la porte qui conduit au Golgotha. Des personnes pieuses, des femmes qui s'étaient senties touchées à la vue du Sauveur, des hommes même se joignirent aux saintes femmes et grossirent leur petite troupe, qui offrait, en se rendant à la montagne sainte, un coup d'œil bien touchant. Leur troupe ainsi grossie était plus nombreuse que le cortège du Sauveur, si l'on fait abstraction de la populace qui marchait par-derrière.

La douleur que la Vierge éprouva en apercevant le lieu du supplice et en gravissant la montagne, est impossible à décrire ; elle ressentit en elle tout ce que Jésus souffrait et, de plus, la douleur de ne pouvoir mourir avec lui. Magdeleine était comme égarée par la douleur. Muette d'abord, elle poussa ensuite de grands cris ; elle agitait violemment les mains et proférait des menaces contre les bourreaux. Il fallut que ses compagnes la soutinssent pour l'empêcher de tomber ; elles durent même la cacher au milieu d'elles pour la dérober à la fureur des ennemis du Sauveur.

Les saintes femmes avaient gravi la colline du côté du couchant, où la pente est plus douce, et s'étaient ensuite séparées en trois groupes. La Vierge, Marie de Cléophas, Salomé et Jean étaient contre le terrassement ; Marthe, Marie d'Héli, Véronique, Jeanne Chusa, Suzanne et Marie de Marc étaient un peu plus loin, occupées autour de Magdeleine qui ne pouvait se tenir debout. Un peu plus loin encore étaient les autres saintes femmes ; puis un grand nombre de personnes amies qui remplissaient les vides laissés par les trois groupes. Les Pharisiens à cheval stationnaient en différents points autour du terrassement et les cinq chemins étaient gardés par les soldats romains.

Marie ne cessait de considérer, – quel affreux spectacle pour la mère du Sauveur! – le lieu du supplice, l'endroit où la croix devait être fixée, la croix étendue devant elle, les marteaux, les cordes, les énormes clous et surtout les bourreaux hideux, ivres, demi-nus et dont la bouche vomissait sans cesse le blasphème. Les deux autres croix avaient été dressées, et on allait les descendre dans les trous qui leur avaient été préparés. L'éloignement de Jésus ajoutait à la douleur de la Sainte Mère; son Fils était encore en vie, elle voulait le voir, et cependant elle le craignait, parce qu'elle savait que, lorsqu'elle le verrait, son cœur serait encore mis à une épreuve terrible.

Depuis le matin jusqu'à dix heures, moment où la sentence avait été prononcée, il était tombé de la grêle à plusieurs reprises. Le ciel s'éclaircit pendant que l'on allait au Calvaire. Puis, vers midi, des nuages rougeâtres voilèrent la face du soleil.

Cependant quatre bourreaux s'étaient rendus à la caverne où l'on avait enfermé le Sauveur, l'en tirèrent de la façon la plus brutale. Durant ce dernier emprisonnement, Jésus avait demandé à son Père le don de la force, et il s'était encore une fois offert pour les péchés de ses ennemis. Les bourreaux, en le ramenant au Calvaire, lui prodiguèrent encore les coups et les outrages, le peuple les regardait faire et insultait à la victime, les soldats romains étaient froids et indifférents, uniquement occupés à maintenir l'ordre. Enfin il franchit le terrassement qui séparait le sommet du reste de la colline. Quand les saintes femmes virent passer le Sauveur, elles donnèrent à un homme de l'argent pour le remettre aux bourreaux avec le vase de vin qui lui était destiné, afin qu'il reçût quelque adoucissement à ses souffrances. Mais les misérables burent eux-mêmes le vin au lieu de le présenter au Sauveur. Ils avaient avec eux deux vases de couleur foncée, contenant, l'un du vinaigre et du fiel, et l'autre une liqueur dans laquelle entraient du vin, de l'absinthe et de la myrrhe. Ils approchèrent ce dernier vase des lèvres de Notre-Seigneur; mais, en ayant goûté, il repoussa le vase. Dix-huit bourreaux se trouvaient à l'intérieur du terrassement; les six qui avaient flagellé le Sauveur, les quatre qui avaient tenu les cordes attachées à sa ceinture, les deux qui avaient tenu celle de la croix et six autres qui devaient le crucifier. Ils travaillaient et buvaient tour à tour: c'étaient, comme on le sait, des hommes d'une physionomie étrange et bien faite pour inspirer la terreur; il y avait en eux quelque chose de la bête féroce. Ces étrangers vendaient également leurs services aux Juifs et aux Romains.

Ce spectacle me semblait d'autant plus affreux que j'avais sous les yeux des choses horribles que ne voyaient pas les personnes présentes. Les apparitions infernales qui m'avaient épouvantée auparavant, continuaient à se montrer à moi. Des démons excitaient ces hommes féroces ; ils leur mettaient à la main les objets dont ils avaient besoin et les aidaient même dans leurs travaux. En outre, un nombre presque infini de petites figures diaboliques, – des crapauds, des serpents, des dragons aux ongles aigus, enfin les animaux les plus horribles que l'on puisse imaginer, – étaient répandus aux alentours du Golgotha et obscurcissaient en quelque sorte la face du ciel. Ils entraient dans la bouche et dans le cœur des assistants et se plaçaient sur les épaules, et aussitôt ils sentaient en eux des impressions de haine et prononçaient contre le Sauveur d'affreuses malédictions. En même temps – et cette vue me consolait un peu, – je voyais autour de Notre-Seigneur de grandes figures d'anges qui pleuraient et des gloires, formées de petites têtes sans corps ; ils s'empressaient autour de la Vierge et des autres personnes agréables à Dieu et leur communiquaient un peu de force, en leur donnant leurs consolations.

Bientôt les bourreaux arrachèrent le manteau qui couvrait les épaules du Sauveur ; ils lui ôtèrent brutalement la ceinture qui retenait les cordes, sa propre ceinture et le scapulaire qu'il portait sur les épaules. Comme ils ne pouvaient faire passer sa tunique au-dessus de sa tête à cause de la large couronne qui la couvrait, ils lui arrachèrent cette couronne en rouvrant toutes ses plaies ; puis tirant violemment la tunique, ils la firent passer sans la moindre précaution au-dessus de sa tête ensanglantée et couverte de plaies.

Le Fils de l'Homme était là sous les yeux de ses ennemis, le corps couvert de sang et d'affreuses blessures dont les unes commençaient à se sécher et dont les autres saignaient encore. Il n'avait plus sur lui que le scapulaire qui protégeait ses épaules et la pièce d'étoffe qui enveloppait ses reins. Son scapulaire était de laine ; et cette laine entrant dans ses blessures et raidie par le sang lui causait d'inexprimables douleurs. On lui arracha violemment son scapulaire, et sa poitrine apparut à nu avec les plaies qui la couvraient ; ses épaules étaient si cruellement déchirées que l'on pouvait voir ses os ; des morceaux de laine, tout pénétrés de sang, étaient restés attachés à ses blessures. Comme le Seigneur, épuisé par ses dernières souffrances, menaçait de tomber entre les mains de ses bourreaux, ceux-ci l'assirent sur une grosse pierre que l'on avait apportée en cet endroit ; ils lui replacèrent sur la tête la couronne d'épines et lui présentèrent l'autre vase avec du fiel et du vinaigre ; mais il détourna la tête, sans répondre à cette nouvelle insulte.

Cependant les bourreaux avaient commencé à détacher le linge qui entourait son corps et que le sang qui le remplissait avait collé à ses reins. A la pensée du dernier outrage qu'on lui réservait, ses amis éclatèrent en sanglots. Sa sainte Mère, ayant adressé au ciel une fervente prière, songea un instant à détacher son voile et à l'offrir à son divin Fils, pour qu'il pût s'en couvrir; mais sa prière avait été exaucée et Dieu venait miraculeusement au secours de son Fils. Au moment où un dernier attentat allait s'accomplir, un homme qui accourait à pas précipités et qui venait de traverser brusquement la multitude, se jeta tout hors d'haleine au milieu des bourreaux. Les ayant écartés brusquement, il présenta au Sauveur un linge qu'il tenait à la main. Le Seigneur le remercia affectueusement, prit le linge et s'en ceignit les reins.

Cet homme auquel Dieu, à la prière de la Vierge, avait inspiré la pensée de rendre à Notre-Seigneur un service suprême, avait dans son extérieur quelque chose qui ne permettait pas de lui résister. Il avait menacé les bourreaux du poing, et leur avait adressé à plusieurs reprises ces paroles menaçantes : «Au nom de Dieu tout puissant, malheur à vous, si vous ajoutez un dernier outrage à tous ceux qui ont précédé!» puis, sans ajouter un mot, il était parti aussi précipitamment qu'il était venu. Cet homme était Jonadab, neveu de Saint Joseph, et fils de ce frère, fixé dans les environs de Bethléem, auquel Joseph avait laissé son dernier âne en gage, après la naissance du Sauveur. Il ne s'était jamais déclaré en faveur de Notre-Seigneur; ce jour-là même, il s'était tenu à l'écart, se contentant de s'informer de ce qui se passait. Les outrages dont le Seigneur avait été accablé durant la flagellation et la pensée de ceux qu'on lui réservait encore avait excité en lui une colère généreuse. Comme l'heure du crucifiement approchait, une inquiétude secrète le dirigea vers le temple, puis au moment où la Mère du Sauveur fit monter sa prière vers le ciel, il se sentit porté, par un mouvement invincible, à se rendre sur la montagne du Calvaire pour protéger le Seigneur contre le dernier outrage qu'on lui réservait. Il s'était rappelé avec indignation Cham insultant à la nudité du patriarche Noé, et il avait voulu couvrir la nudité de celui dont Noé n'était que la figure. Les bourreaux étaient des descendants de Cham; et Jésus foulait alors le pressoir plein du vin de la nouvelle alliance qui allait racheter l'humanité. L'acte charitable de Jonadab – accomplissement d'une figure mémorable de l'Ancien Testament, – fut récompensé par Dieu, ainsi que je l'ai vu et que je le dirai plus tard.

A peine Jonadab avait-il disparu, que les bourreaux étendirent sur la croix le divin Sauveur qu'on aurait pu prendre alors pour une représentation vivante de la douleur et qui se plaça de lui-même sur l'instrument du supplice. Quand ils l'eurent mis sur le dos, ils levèrent avec force son bras pour le faire arriver à l'endroit où le trou avait été pratiqué et l'attachèrent avec des cordes. Un d'entre eux appuya son genou sur la poitrine du Sauveur; un second maintint ouverte sa main qui se fermait naturellement et un troisième enfonça, dans la paume de cette main qui avait si souvent répandu les bénédictions, un clou gros et long à la pointe acérée et frappa coups sur coups avec une sorte de maillet de fer. Des plaintes douloureuses et comprimées sortirent alors de la bouche du Sauveur. Son sang jaillit sur les bras des bourreaux. Les cordes qui retenaient sa main furent déchirées et pénétrèrent avec les trous triangulaires dans l'étroite ouverture. J'ai compté les coups de marteau ; mais l'excès de ma douleur me les a fait oublier. La Sainte Vierge poussait de faibles gémissements et paraissait avoir presque perdu connaissance ; Magdeleine était hors d'elle-même.

Les vilebrequins dont les bourreaux s'étaient servis étaient de fer, sans aucune partie de bois et avaient la forme d'un T ; les gros marteaux étaient également de fer et faits d'une seule pièce ; ils avaient à peu près la forme des maillets dont les charpentiers se servent pour frapper sur leurs ciseaux. Les clous dont la vue seule avait fait frémir Notre-Seigneur étaient si longs que, quand on les prenait à la main, ils ressortaient d'un pouce environ de chaque côté. Leur tête était si large qu'elle remplissait toute la main. Ils avaient trois faces ; d'un côté ils étaient gros comme le pouce et de l'autre, comme le petit doigt ; leur pointe était très acérée. Je vis que, quand on les eut enfoncés, ils ressortaient un peu derrière la croix.

La main droite du Sauveur ayant été clouée à la Croix, les bourreaux trouvèrent que sa main gauche, qui avait été si solidement attachée avec des cordes, n'arrivait pas jusqu'au trou et qu'il y avait encore environ deux pouces entre le trou et l'extrémité de ses doigts ; alors ils attachèrent des cordes à son bras gauche ; et s'appuyant du pied contre la croix, ils le tirèrent si violemment que la main atteignit enfin l'emplacement du trou. Jésus fit entendre des plaintes qui auraient attendri des tigres. Les deux bras étaient disloqués de la façon la plus étrange, sa poitrine était soulevée et ses genoux s'étaient rapprochés du tronc. Cependant, ayant appuyé leurs genoux sur ses bras et sa poitrine, ils attachèrent son bras gauche avec des cordes et enfoncèrent ainsi le second clou dans sa main gauche. Le sang jaillit encore, et les plaintes douces et mélancoliques du Sauveur se mêlèrent au bruit du marteau. Les deux bras de Notre-Seigneur formaient une ligne droite, par conséquent ils ne suivaient plus la direction des deux branches de la croix et on voyait un espace vide entre ces branches et la partie supérieure de ses bras.

La Sainte Vierge ressentait en elle toutes les douleurs de son divin Fils ; elle était pâle comme un linceul et des sanglots s'échappaient fréquemment de sa poitrine. Les Pharisiens ne cessaient de faire entendre des blasphèmes et des railleries du côté de la colline où elle se trouvait, et on fut obligé de la conduire un peu plus loin à côté des autres saintes femmes. Magdeleine était comme folle ; elle se déchirait le visage, et ses yeux et ses joues étaient remplis de sang.

Vers le bas de la croix, au tiers à peu près de sa hauteur, on avait fixé avec un grand clou une planche destinée à recevoir les pieds du Sauveur, de façon qu'il fût debout sur la croix plutôt que suspendu. Sans cela, les mains se seraient déchirées, et l'on n'aurait pu clouer ses pieds sans briser ses os. C'était dans cette planche qu'on avait pratiqué l'ouverture destinée à recevoir le clou. On avait creusé un peu le bois de la croix pour recevoir les talons, quelques autres coupures avaient été également faites plus haut ; sans ces précautions de la haine, le supplice du Sauveur eût été moins long et le poids du corps, en déchirant les mains et en écartant les membres, aurait amené une mort plus prompte.

L'extension violente qu'on avait donnée aux bras du Sauveur pour les faire arriver jusqu'à l'endroit où les trous avaient été pratiqués, avait eu pour effet de ramasser son corps et de soulever ses genoux. Les bourreaux étendirent ses jambes et les lièrent avec des cordes, mais sans pouvoir faire arriver ses pieds au support. Alors ils éclatèrent en blasphèmes et en malédictions. Les uns voulaient qu'on fît d'autres trous pour clouer les bras, car il leur paraissait difficile de changer la place du support, mais d'autres s'écrièrent avec fureur : « Il ne veut pas s'étendre, nous saurons bien lui venir en aide, » et attachant une corde à sa jambe droite, ils la tirèrent avec une violence affreuse, la firent arriver jusqu'à la planchette et la fixèrent avec des cordes. Le corps du Sauveur fut tellement disloqué par cette violence que sa poitrine se déchira et qu'il fit entendre ce cri de douleur : « Mon Dieu, mon Dieu ! » Ils lui avaient attaché avec des cordes les bras et la poitrine, afin que les mains ne se déchirassent pas davantage. Ses os semblaient ressortir de son corps ; il est impossible de dire combien il souffrit en ce moment.

Alors ils fixèrent avec une corde le pied gauche au-dessus du pied droit ; et comme il ne reposait pas sur le pied droit assez parfaitement pour qu'il fût possible de les clouer ensemble, ils les forèrent avec une pointe de fer aussi grosse que les clous des mains. Puis prenant un clou plus long que les autres, ils l'enfoncèrent avec une barbarie sans égale dans le trou qu'ils avaient pratiqué à travers le pied gauche, le pied droit et enfin dans la planchette de support. J'ai vu en me plaçant à côté de la croix que ce clou unique traversait en effet les deux pieds. Cette opération fut plus cruelle encore que tout ce qui avait précédé à cause de la tension donnée au corps. Je comptai trente-six coups de marteau qui se mêlèrent aux faibles gémissements qui sortaient de la poitrine du Sauveur ; alentour la haine et la fureur faisaient encore entendre leurs cris sauvages.

Cependant la Sainte Vierge était revenue à l'endroit même du supplice. Le déchirement du corps de son divin Fils, le craquement des os, les plaintes qui sortaient de sa bouche excitèrent en elle un profond sentiment de compassion, et elle tomba de nouveau sans connaissance entre les bras de ses compagnes. Il en résulta quelque confusion. Des Pharisiens s'approchèrent d'elle avec menaces, et ses amis durent l'emporter à quelque distance. La barbarie des tourments que l'on faisait souffrir au Sauveur arracha aux assistants et surtout aux femmes quelques cris inspirés par l'horreur et la compassion. J'entendis ces mots proférés de plusieurs côtés: «Terre, pourquoi ne t'entrouvres-tu pas pour les dévorer? Feu du ciel, pourquoi ne viens-tu pas les saisir?» Mais on ne répondit que par l'insulte à cette expression d'une charité compatissante.

Tout en faisant entendre de faibles cris arrachés par la violence de la douleur, Notre-Seigneur ne cessait de prier et de répéter les passages prophétiques des psaumes, qui s'accomplissaient alors en sa personne. Ce double soin l'avait occupé sur la voie douloureuse et l'occupa jusqu'au moment de sa mort. Je l'entendais répéter ces passages et je les répétais avec lui, et je les remarquais ensuite quand je les retrouvais en récitant les psaumes, mais maintenant je suis tellement épuisée par la vue des tourments de mon céleste fiancé qu'il me serait impossible de les reproduire. Pendant ces horribles scènes du crucifiement, je voyais des anges qui pleuraient autour du Sauveur.

Au moment du crucifiement, le commandant de la garde romaine avait fait attacher au sommet de la croix l'inscription faite par Pilate. Les Pharisiens en témoignèrent du mécontentement, et les Romains s'étant moqués des Juifs à l'occasion de leur Roi crucifié, plusieurs d'entre eux prirent la mesure d'une nouvelle inscription et se rendirent en toute hâte à la ville pour obtenir du gouvernement la permission de remplacer l'inscription par une autre.

Cependant, pendant qu'on attachait le Sauveur à la croix, on travaillait encore au trou qui avait été pratiqué dans le rocher, pour y descendre la croix; le trou était trop petit et la pierre était trop dure. Les bourreaux qui avaient bu le vin épicé destiné au Sauveur en étaient comme enivrés; ils ressentaient dans tout leur corps une chaleur extrême qui les rendait presque fous. Ils s'en prirent au Sauveur, qu'ils accusaient de sortilèges et insultèrent encore à sa patience. Plusieurs fois ils descendirent au bas de la montagne, où ils achetèrent du lait d'ânesse aux femmes du camp d'étrangers qui se trouvait dans le voisinage.

Autant que je pus en juger par l'éclat du soleil, il était environ douze heures et un quart quand on attacha le Sauveur à la croix… Au moment où l'on dressa l'instrument du supplice, la trompette du Temple se fit entendre: on immolait l'agneau pascal.

Quand le Sauveur eut été cloué à la croix, les bourreaux, ayant attaché des cordes à des anneaux fixés à la partie supérieure de la croix, les firent passer autour d'une poutre placée du côté opposé. Plusieurs d'entre eux l'élevèrent alors au moyen de ces cordes, tandis que d'autres la soutenaient et poussaient le pied jusque dans le trou, et bientôt la lourde croix y tomba de tout son poids avec une secousse effroyable. La croix fut ébranlée par cette secousse ; et le Sauveur fit entendre un cri de douleur. Son corps s'affaissa sur lui-même ; ses blessures se rouvrirent, le sang coula plus abondamment et les os déjà disloqués s'entrechoquèrent. Pour fixer la croix, on enfonça dans le trou cinq morceaux de bois ; l'un en avant, un second à droite, un troisième à gauche et deux par-derrière.

Ce fut en ce moment solennel et effroyable en même temps que celui où, au milieu des cris insultants des bourreaux, des Pharisiens et de la multitude qui se tenait à distance, la croix après s'être balancée en l'air, retomba dans le trou qu'on lui avait préparé. Mais en même temps, des voix pieuses et plaintives s'élevèrent vers elle. Les voix les plus saintes de la terre, la voix de la mère du Sauveur, celles de ses amis, des autres fidèles, de tous ceux dont le cœur était pur, saluèrent avec des plaintes attendrissantes le Verbe éternel incarné et attaché à la croix ; leurs mains s'élevèrent toutes ensembles vers lui, comme s'ils avaient voulu porter secours au saint des saints, au fiancé de leurs âmes, cloué vivant à une croix et captif entre les mains des pécheurs furieux. Mais quand on entendit la secousse horrible avec laquelle la croix retomba dans le trou, il se fit un moment de silence.

Tous éprouvèrent une impression nouvelle et dont ils ne pouvaient se rendre parfaitement compte. L'enfer lui-même ressentit avec effroi le choc imprimé à l'instrument du supplice et redoubla la fureur et la haine dont ses suppôts étaient animés contre la victime. Les pauvres âmes du Purgatoire et celles qui étaient captives dans les limbes éprouvèrent alors une joie qu'elles ne connaissaient pas. L'impatience de l'attente se mêla à la joie; elles comprirent que le vainqueur allait venir frapper à la porte de leur prison pour les délivrer. La sainte croix du Sauveur était donc dressée au milieu de la terre comme l'arbre de vie au milieu du Paradis; et des larges blessures du Sauveur coulaient sur la terre quatre fleuves de sang destinés à la purifier de l'ancienne malédiction et à lui faire porter des fruits abondants de salut.

La croix ayant été dressée et le silence de l'étonnement ayant succédé aux cris furieux, les trompettes du Temple, qui annonçaient que l'on commençait l'immolation de l'agneau pascal, de l'agneau figuratif, suspendirent de nouveau les cris de la multitude ameutée autour du véritable Agneau pascal. A ce silence solennel, bien des cœurs endurcis se sentirent émus, et l'on se rappela la parole du Précurseur: «Voici l'Agneau de Dieu, celui qui a pris sur lui les péchés du monde».

La terrasse où la croix avait été dressée était élevée d'environ deux pieds au-dessus du terrain environnant. Au moment où la base était sur le bord du trou, les pieds du Sauveur se trouvaient à hauteur d'homme; quand elle fut retombée dans le trou, ils étaient assez bas pour que ses amis pussent facilement les baiser, en s'approchant de la croix. Le chemin par lequel ils arrivèrent à la terrasse était difficile et escarpé, comme l'est toujours la route qui conduit à la croix. La face de Notre-Seigneur en croix était tournée vers le nord-ouest.

Pendant le crucifiement du Sauveur, les deux larrons, les mains attachées aux parties transversales de leurs croix, étaient couchés sur le dos à l'est de la montagne du Calvaire; des gardes veillaient à leurs côtés. Ils étaient l'un et l'autre accusés d'avoir tué une femme juive et ses enfants entre Jérusalem et Joppé. Ils avaient été arrêtés dans un château près duquel Pilate exerçait parfois ses troupes et dans lequel ils se faisaient passer pour de riches marchands. Ils étaient restés longtemps en prison avant leur condamnation. Celui qui fut crucifié à gauche était plus âgé que l'autre; c'était un scélérat consommé qui avait entraîné l'autre dans la voie du mal. On les appelle d'ordinaire Gesmas et Desmas; comme j'ai oublié maintenant leurs véritables noms, j'appellerai le bon larron Desmas et le mauvais Gesmas.

Ils appartenaient l'un et l'autre à cette bande de brigands des frontières de l'Égypte dans la retraite desquels la sainte famille avait passé la nuit en se rendant en Égypte. Desmas était ce petit lépreux que sa mère avait baigné sur l'invitation de la Vierge, dans l'eau où celle-ci avait lavé le Sauveur et qui avait été immédiatement guéri[14]. La charité que sa mère avait exercée à l'égard des pauvres fugitifs avait déjà été récompensée par cette guérison figurative ; la véritable guérison du lépreux eut lieu alors que, sur le Calvaire, il fut purifié par le sang du Christ. Desmas s'était enfoncé assez avant dans le mal ; cependant il n'était pas complètement perverti. Il n'avait pas reconnu le Sauveur, mais sa patience avait fait impression sur lui. Durant le crucifiement il n'avait fait que parler à son compagnon du courage de la victime. Il lui disait : « On traite bien cruellement le Galiléen. Ce qu'il a fait avec sa nouvelle loi est peut-être quelque chose de grave ; mais il fait preuve d'une patience extraordinaire et il a un bien grand pouvoir sur les hommes. » Gesmas lui répondit : « Quel est donc ce prétendu pouvoir ? S'il était aussi puissant qu'on veut bien le dire, il saurait nous délivrer. » C'est ainsi qu'ils s'entretenaient quand, la croix du Sauveur ayant été dressée, des bourreaux virent leur dire que leur tour était arrivé. On les débarrassa en toute hâte de leurs pièces de bois ; car le soleil commençait à s'obscurcir et tout était en mouvement dans la nature, comme à l'approche d'un orage. Les bourreaux dressèrent des échelles contre les croix fixées en terre et attachèrent les parties transversales de chaque croix à la partie principale. Deux échelles occupées par les bourreaux étaient dressées contre chaque croix. Après avoir fait boire aux deux larrons un mélange de vinaigre et de myrrhe, on leur enleva leurs tristes vêtements ; on les attacha par les bras avec des cordes que l'on jeta au-dessus des branches de la croix, et l'on les éleva à l'aide de points d'appui pratiqués dans le bois de la croix et sur lequel ils posaient les pieds. On leur contourna les bras autour des traverses et on les attacha avec des cordes faites d'écorce d'arbre ; on leur lia aussi les poignets, les coudes, les genoux et les pieds, et on serra si fortement les cordes que leurs veines se rompirent et que leurs os craquèrent. Ils faisaient entendre des cris déchirants. Le bon larron dit alors à son compagnon : « Nous souffrons horriblement ; cependant si l'on nous avait traités comme ce pauvre Galiléen, on n'aurait pas eu besoin de nous attacher à la croix ; il y a longtemps que nous serions morts. »

Cependant les bourreaux avaient fait plusieurs lots des vêtements du Sauveur, pour les tirer au sort entre eux. Le manteau du Sauveur, assez étroit par le haut, était très large par le bas ; il était doublé à la poitrine et formait ainsi des poches entre l'étoffe et la doublure ; ils le déchirèrent en longues bandes qu'ils se partagèrent. Ils firent de même de sa longue tunique blanche bordée de franges et qui s'ouvrait sur la poitrine ; de l'étole, de la ceinture, du scapulaire et de la tunique

---

[14] Voir ce miracle raconté en détail dans la *Vie de la Sainte Vierge*, d'après les méditations de la Sœur Emmerich.

de dessous qui était toute pénétrée du sang du Sauveur. Comme ils ne pouvaient s'entendre au sujet de sa robe sans couture, dont les lambeaux n'auraient pu leur être utiles, ils prirent des tablettes avec des cases marquées par des chiffres et des dés en forme de fèves qu'ils avaient avec eux, et, les jetant sur la tablette, ils tirèrent la robe au sort. Sur ces entrefaites, un messager envoyé par Joseph d'Arimathie et par Nicodème vint leur dire en toute hâte qu'il y avait près de là des gens qui leur achèteraient volontiers les vêtements du Sauveur. Alors, ayant réuni tous les vêtements, ils coururent les vendre; et ce fut ainsi que les chrétiens demeurèrent en possession de ces précieuses reliques.

A l'ébranlement que la croix éprouva quand on la fit tomber dans le trou, la tête du Sauveur, chargée de la couronne d'épines, laissa échapper des flots de sang; de ses mains et de ses pieds coula aussi du sang en abondance. Les bourreaux ayant appuyé des échelles contre la croix, détachèrent les cordes avec lesquelles on avait lié le corps de l'Homme-Dieu, afin qu'en élevant la croix, on ne le déchirât pas à l'endroit des clous. Le sang dont la circulation avait été gênée par la position horizontale et par la compression des cordes, reprit alors son cours régulier. Toutes ses blessures se rouvrirent; il laissa retomber sa tête sur la poitrine, et il resta durant sept minutes sans connaissance et comme mort.

Il y eut alors quelques instants d'arrêt. Les bourreaux étaient occupés à se partager les vêtements de leur victime; le bruit de la trompette du Temple retentissait dans les airs. Tous les assistants étaient accablés les uns sous l'action de la douleur et les autres sous celle de la haine. Je voyais mon Jésus, mon salut, le salut du monde, immobile et comme mort; je le regardais avec effroi et compassion. A ce spectacle, la vie s'échappait de mes membres; il me semblait que je ne vivais plus, que j'avais reçu le coup de la mort. Mon cœur était rempli d'amertume, de douleur et d'amour. Ma tête environnée d'une couronne d'épines aux pointes acérées, s'égarait par l'excès de la souffrance. Mes mains et mes pieds étaient comme autant de foyers ardents. Des douleurs aiguës et pénétrantes parcouraient mes muscles et mes nerfs, comme des traits lancés par une flèche invisible; elles se rencontraient dans tous mes membres extérieurs et dans mes organes intérieurs, elles se combattaient en quelque sorte en se rencontrant et produisaient par leur lutte des tourments inouïs. Ces souffrances épouvantables m'étaient douces cependant. Au milieu de ces ardeurs extrêmes que je sentais en moi et qui me dévoraient, j'étais dans une nuit profonde où je ne voyais que mon Époux, l'Époux de toutes les âmes, élevé sur l'instrument de son supplice; mais quand je le regardais, je sentais la consolation se mêler en moi à la douleur.

Le sang remplissait ses paupières, ses cheveux, sa barbe et sa bouche auguste. Sa tête retombait sur sa poitrine et la couronne d'épines ne lui permettait de la relever qu'avec des souffrances infinies. Son sein était violemment déchiré ; ses épaules, ses coudes, ses poignets étaient disloqués et affreusement étendus. Le sang coulait à longs flots des plaies béantes de ses mains et se répandait sur ses bras. Sa poitrine était renforcée et l'on pouvait compter ses côtes, qui étaient presque mises à nu. Les jambes et les cuisses du divin Sauveur avaient été également disloquées et tirées de la façon la plus affreuse. Ses membres étaient tellement étendus, ses muscles avaient été si violemment déchirés que l'on pouvait compter tous ses os. Le sang se portait avec abondance autour du clou qui perçait ses pieds sacrés et coulait le long de l'arbre de la croix. Tout son corps était couvert de taches bleues, noires et jaunâtres, de meurtrissures et de plaies affreuses. Des morceaux de chair se détachaient du reste, et il en sortait des flots d'un sang vermeil. Plus tard, son sang devint blanchâtre et aqueux ; le corps entier devint plus pâle et le divin Sauveur ressembla à un cadavre épuisé de sang. Malgré tant d'horribles blessures qui auraient dû le défigurer complètement, le Sauveur conservait jusque sur la croix une expression de dignité et de noblesse qui allait au cœur. Le Fils de Dieu, l'amour éternel s'immolant dans le temps, était beau, admirable de pureté, de sainteté jusque dans ce corps de l'Agneau de Dieu, baigné dans son sang et chargé des péchés de tous les hommes.

Le teint du Sauveur comme celui de la Vierge, était d'un blanc veiné de rouge. Dans les dernières années de sa vie, les fatigues et les voyages avaient un peu bruni ses joues et surtout ses pommettes. Sa poitrine haute et large était peu garnie de poils, tandis que celle du Précurseur était toute velue.

Notre-Seigneur avait les épaules larges et les muscles des bras très prononcés, ainsi que ceux des cuisses. Ses genoux étaient robustes et saillants, comme ceux d'un homme qui a beaucoup marché et beaucoup prié à genoux. Ses jambes étaient hautes et l'exercice en avait aussi fortifié les muscles. Ses pieds étaient forts et bien faits et l'habitude de marcher pieds nus en avait durci la peau. Ses mains étaient régulières et assez fortes, sans ressembler à celles d'un homme qui vit du travail de ses mains. Ses doigts étaient longs et d'une beauté parfaite. Son cou, assez long, était en même temps fort et musculeux, sa tête bien proportionnée et pas trop forte, son front haut et bien pris. Son visage présentait un ovale parfait ; ses cheveux assez fins et d'un blond un peu foncé, se séparaient sur le milieu de la tête et retombaient sur ses épaules. Sa barbe était courte, effilée et partagée au-dessous du menton.

Actuellement, sa chevelure était presque complètement arrachée, et les cheveux qui lui restaient étaient collés par le sang. Son corps entier n'offrait qu'une suite de plaies affreuses. Sa poitrine était toute déchirée ; son corps avait perdu sa forme naturelle, et les os paraissaient en plusieurs endroits à travers la peau.

Enfin son corps était tellement allongé qu'il ne recouvrait plus complètement l'épaisseur du bois de la croix.

La croix du Sauveur était arrondie par-derrière et formait une surface plane sur le devant, sauf qu'on y avait fait quelques entailles peu profondes. Elle était à peu près aussi large qu'épaisse. Les différentes pièces de la croix étaient de couleurs différentes, c'est-à-dire brunes et jaunâtres ; la partie principale était plus foncée et ressemblait à du bois qui aurait longtemps séjourné dans l'eau. Les croix des larrons étaient plus grossièrement travaillées. Il y avait entre elles et celle du Sauveur assez d'intervalle pour qu'un homme à cheval pût y passer. Elles étaient tournées l'une vers l'autre et plus basses que celle de Notre-Seigneur. L'un des larrons priait, l'autre insultait le Sauveur qui adressait la parole à Desmas. Les deux larrons en croix présentaient aux assistants un spectacle affreux, surtout celui de gauche dont l'ivresse augmentait encore la fureur ; leurs membres étaient complètement disloqués et tout leur corps était couvert de plaies horribles. Leur visage était livide ; leurs yeux d'un rouge de sang sortaient presque de leurs orbites ; leurs plaintes et leurs cris faisaient horreur. Gesmas vomissait des blasphèmes et des imprécations. Les clous de la croix pénétraient dans leurs têtes ; ils se débattaient d'une façon épouvantable, et, bien que leurs jambes fussent fortement liées, ils agitaient violemment les pieds et rapprochaient les genoux du tronc.

Les bourreaux avaient crucifié les deux larrons et vendu les vêtements du Sauveur. Ils réunirent tous leurs instruments ; puis, après avoir une fois encore insulté à leur victime, ils s'éloignèrent. Les Pharisiens se mirent aussi en mouvement, ils firent passer leurs chevaux en face du Sauveur, s'arrêtèrent devant lui quelques instants et ne s'en allèrent qu'après l'avoir encore accablé des propos les plus insultants. Les cent soldats romains disséminés sur le Calvaire et aux environs se retirèrent également, après avoir été relevés par un peloton de cinquante hommes. Le centurion qui commandait ces cinquante hommes était l'arabe Abénadar qui fut plus tard baptisé sous le nom de Ctésiphon ; il avait sous ses ordres l'officier subalterne Cassius, aide-de-camp de Pilate, qui reçut plus tard le nom de Longin. On vit arriver en même temps douze Pharisiens, douze Sadducéens, douze docteurs de la loi et quelques Anciens, ainsi que ceux qui, quelques instants auparavant, s'étaient rendus auprès de Pilate pour obtenir de lui qu'on fît un nouveau titre pour la croix. Le gouverneur romain les ayant fort mal accueillis, cette circonstance avait encore ajouté à leur fureur. Ils firent le tour de la terrasse et repoussèrent la Sainte Vierge en l'injuriant et en l'appelant une femme de rien. Jean qui ne l'avait pas quittée, la reconduisit au milieu des saintes femmes ; et Magdeleine et Marthe la reçurent entre leurs bras. Arrivés en face du Sauveur, ils branlèrent la tête d'un air de mépris, en disant : « Eh bien ! imposteur, c'est ainsi que tu détruis le Temple et que tu le relèves en trois jours ? – Il a voulu sauver les autres, et il ne peut se sauver lui-même. – Si tu es le Fils de Dieu, descends de la croix. – S'il est le roi des Juifs, qu'il descende de la croix et nous croirons en lui. – Il a mis sa confiance en Dieu ; nous verrons s'il va l'exaucer. » Les soldats se mêlèrent à ces grossières injures : « Si tu es le roi des Juifs, lui dirent-ils, sauve-toi toi-même et descends de la croix. »

Cependant le Sauveur était presque évanoui ; Gesmas, le larron de gauche, dit alors : « Son démon l'a abandonné. » Au même moment, un soldat mit au bout d'un bâton une éponge trempée dans le vinaigre et la lui présenta ; il sembla y toucher. Cependant, les insultes continuèrent. Le même soldat lui dit : « Si tu es le roi des Juifs, sauve-toi toi-même. » Tout cela se fit pendant que la première troupe était relevée par celle d'Abénadar.

Alors Jésus leva un peu la tête en disant : « Mon Père, pardonnez-leur, car ils ne savent ce qu'ils font », et il continua à prier pour eux en silence. Là-dessus Gesmas lui dit : « Si tu es le Christ, sauve-toi et sauve-nous en même temps. » Les outrages continuaient ; mais Desmas, le larron de droite, avait été profondément touché d'entendre le Sauveur prier pour ses ennemis. Marie, de son côté, ayant entendu la voix de son Fils, il fut impossible de la retenir, et elle se rapprocha de la croix ; Jean, Salomé et Marie Cléophas la suivirent, sans que le centurion les en empêchât. Desmas, le bon larron, reçut, grâce à la prière du Sauveur, d'abondantes lumières intérieures, au moment où la Vierge s'approcha de la croix et, élevant la voix, il parla à peu près en ces termes aux ennemis du Sauveur : « Vous l'outragez tandis qu'il prie pour vous ; combien cela n'est-il pas révoltant ! Il s'est tu, il a souffert, il a prié pour vous, et cependant vous l'outragez ; c'est un prophète, c'est notre roi, c'est le Fils de Dieu. » A ces reproches inattendus sortant de la bouche d'un meurtrier crucifié, il y eut une sorte de tumulte parmi les ennemis du Sauveur. Ils ramassèrent des pierres et voulurent lapider Desmas. Mais le centurion les en empêcha ; il les sépara les uns des autres et les obligea à se tenir tranquilles. Cependant la Sainte Vierge se sentit fortifiée par les prières du Sauveur, et Desmas dit à Gesmas qui répétait toujours les mêmes cris outrageants : « Tu ne crois pas en Dieu et tu souffres le même supplice. Pour nous, nous souffrons justement et nous recevons la juste punition de nos crimes ; lui, au contraire, il n'a fait aucun mal. Confesse donc tes péchés et pense à ton âme. » Quant à lui, il était complètement éclairé et touché, et il confessa ses péchés en ajoutant : « Seigneur, si vous me condamnez, vous avez raison, cependant, traitez-moi avec miséricorde ; » et Jésus lui dit : « Tu éprouveras ma miséricorde. » Desmas reçut alors la grâce d'une contrition parfaite et resta tout un quart d'heure uniquement occupé de ces saintes pensées.

Ces derniers incidents eurent lieu presque simultanément de midi à midi et demie, quelque temps après le crucifiement; mais bientôt les dispositions de la plupart des spectateurs furent modifiées, car il se passa dans la nature un phénomène extraordinaire qui remplit toutes les âmes d'effroi.

. . . .

Le matin, jusqu'à dix heures, heure à laquelle Pilate prononça la sentence de mort, – il était tombé par moments un peu de grêle. De dix heures à midi, le soleil avait paru à l'horizon; puis il avait été voilé par des nuages épais et rougeâtres. Vers la sixième heure – c'est-à-dire vers midi et demie, car les Juifs ne comptent pas comme nous et leur jour commence au lever du soleil – le soleil s'obscurcit tout à coup. Ce phénomène me fut montré avec toutes ses particularités; malheureusement j'en ai oublié une partie, et je ne trouve pas d'expressions pour dire ce que je me rappelle. D'abord je fus transportée hors de la terre; je vis les différentes parties du ciel et les orbites des étoiles se mêler et se croiser d'une façon insolite. La lune était à l'un des côtés de la terre et je la vis fuir rapidement sous la forme d'un énorme globe de feu. Puis je me retrouvai à Jérusalem et je vis la lune paraître au-dessus du mont des Oliviers, pâle et dans son plein; le soleil était déjà environné de nuages, et elle vint de l'orient se placer devant lui. D'abord je vis à l'est du soleil un corps opaque et semblable à une montagne qui le couvrit bientôt tout entier. Le noyau de ce corps était d'un jaune foncé, un anneau de feu l'entourait tout entier; le ciel devint ténébreux et les étoiles apparurent avec une lumière rougeâtre. L'épouvante fut grande parmi les hommes et les animaux. Les bêtes de somme firent entendre des gémissements lugubres et prirent la fuite en désordre; les oiseaux cherchaient des abris, ou, tombant par bandes au pied du Calvaire, ils se laissaient prendre à la main. Les ennemis du Sauveur furent réduits au silence. Des Pharisiens essayèrent bien de donner des explications naturelles de ce phénomène; mais mal leur en prit et bientôt ils furent eux-mêmes saisis d'effroi. Tous les assistants avaient les yeux fixés sur le ciel. Plusieurs se frappaient la poitrine, se tordaient les mains et s'écriaient: «Que son sang retombe sur ses meurtriers!» Beaucoup, sur le Calvaire ou à quelque distance, se jetèrent à genoux et implorèrent le pardon du Sauveur qui, du milieu de son agonie, jeta sur eux un regard de miséricorde. Cependant les ténèbres devenaient plus épaisses, et il n'était resté auprès de la croix que la Vierge et ses fidèles amis. Desmas, qui s'était tenu recueilli dans les sentiments d'une contrition profonde, leva humblement les yeux vers Jésus et lui dit: «Seigneur, faites-moi aller en un lieu où vous puissiez me sauver; pensez à moi quand vous serez dans votre royaume. » Et le Seigneur lui dit: «En vérité, je te le promets, tu seras aujourd'hui avec moi dans le paradis. »

La mère de Jésus, Magdeleine, Marie de Cléophas, Marie Salomé et Jean étaient autour de la croix, les yeux fixés sur Jésus; la Vierge obéissant à l'amour maternel, priait instamment son Fils de lui permettre de mourir avec lui. Le Seigneur regarda sa mère bien-aimée avec amour et compassion, puis portant les yeux sur Jean, il dit à sa Mère: «Femme, voilà votre fils; il sera votre fils aussi réellement que si vous lui aviez donné la naissance. » Il ajouta quelques mots à la louange de saint Jean, disant: «Il a toujours été fidèle et n'a jamais succombé à la tentation, sinon un jour où sa mère a cédé à une pensée d'ambition. » Puis se tournant vers Jean, il lui dit: «Voici votre Mère, » et Jean comme un fils pieux, embrassa respectueusement, au pied même de la croix du Rédempteur, la nouvelle mère qu'il venait de lui donner. Ces dernières dispositions de Jésus produisirent sur Marie une telle impression qu'elle tomba sans connaissance dans les bras des saintes femmes qui la portèrent auprès du mur de clôture en face de la croix et de là au bas de la colline.

Je ne sais si le Sauveur prononça réellement ces paroles; mais je les entendis en moi quand il donna Marie pour mère à Saint Jean, et Saint Jean pour fils à sa Mère. Dans des visions de ce genre on entend beaucoup de choses qui ne sont pas écrites, et l'on ne peut reproduire par la parole qu'une faible partie de ce que l'on entend. On désespère de rendre intelligibles, au moyen de la parole, des choses tellement claires que l'on croit toujours qu'elles s'entendent elles-mêmes. Ainsi on ne doit pas s'étonner que Jésus parlant à la Vierge, lui donne le nom de femme et non celui de mère; on sent qu'il veut marquer par là qu'elle est la femme par excellence qui devait écraser la tête du serpent; car c'est précisément à cette heure que la promesse doit s'accomplir par la mort du Sauveur. On ne s'étonne pas non plus que celle à laquelle l'Ange avait dit qu'elle était pleine de grâce, reçoive ici Saint Jean en qualité de fils, parce qu'on sait que le nom de Jean signifie la grâce et qu'ici les noms, loin d'être indifférents, font connaître le caractère de ceux qui les portent; Saint Jean était devenu un enfant de Dieu et Jésus-Christ vivait en lui. On sent alors que par là Jésus a voulu donner Marie pour mère à tous ceux qui le reçoivent comme Jean, et qui, croyant en son nom, deviennent les enfants de Dieu, qui ne sont nés ni du sang, ni de la volonté du sang ou de la volonté de la chair, mais de Dieu même. On sent que la créature pure, humble et obéissante entre toutes les créatures, qui, au moment de devenir la Mère du Verbe incarné, avait dit à l'Ange: «Voici la servante du Seigneur, qu'il me soit fait suivant votre parole, » en ce moment de douloureuse séparation où elle apprend de la bouche de son Fils expirant qu'elle doit devenir en esprit la mère d'un autre Fils, répéta en son cœur ces paroles, expression d'une parfaite obéissance : «Voici la servante du Seigneur, qu'il me soit fait selon votre parole,» et qu'en même temps elle adopta, comme ses enfants, tous les enfants de Dieu, tous les frères de Notre-Seigneur. Tout cela paraît si simple, si naturel et en même temps si riche et si fécond qu'on éprouve dans son âme, en y pensant, une foule de sentiments que l'on goûte, sous l'influence de la grâce, mieux que l'on ne saurait les redire. Je dois même alors me rappeler ce que mon bien-aimé me dit en une autre circonstance : «Tout est écrit dans le cœur des enfants de l'Église qui possèdent le triple trésor de la foi, de l'espérance et de la charité.»[15]

Il était encore une heure et demie ; je fus conduite à travers la ville pour voir ce qui s'y passait. Je trouvai partout l'angoisse et la confusion. Les ténèbres les plus complètes régnaient dans les rues ; les hommes se heurtaient en se rencontrant ; plusieurs étaient assis par terre, la tête enveloppée de leur voile et se frappant la poitrine ; d'autres, montés sur leurs terrasses, regardaient le ciel en se lamentant. Les animaux grondaient et se cachaient, les oiseaux rasaient la terre en volant et tombaient. Je vis Pilate se rendre chez Hérode ; ils regardèrent ensemble le ciel avec beaucoup d'inquiétude du haut de cette même terrasse, de laquelle Hérode avait le matin même regardé le Sauveur livré aux insultes du peuple. «Tout cela n'est pas naturel, se disaient-ils ; on a certainement été trop loin avec Jésus.» Ensuite Hérode et Pilate traversèrent ensemble le forum pour se rendre au palais de ce dernier. Ils étaient en proie à une grande agitation ; des gardes les entouraient et ils marchaient à grands pas. Je remarquai que Pilate n'osa pas jeter les yeux sur le Gabbatha, du haut duquel il avait prononcé la sentence du Sauveur. Le forum était presque désert. Quelques personnes pressaient le pas pour rentrer chez

---

[15] Cette parole de N.-S. appartient à une vision qui se rapportait au 3 Novembre de la troisième année de sa vie publique (28 jours après la résurrection de Lazare et 5 mois environ avant la Passion). La sœur vit ce jour-là N.-S. sur les frontières orientales de la Terre Sainte (il venait du pays des Amorrhéens), dans une petite ville au nord d'une autre plus considérable de l'extrême frontière et qu'elle appela Cidar. Là, à l'occasion d'une noce, il instruisit le peuple pendant plusieurs jours touchant la signification et la sainteté du mariage. Nous laissons parler la sœur : «Tandis qu'il parlait, je croyais me trouver au nombre de ses auditeurs et j'allais çà et là avec eux. Les enseignements de N.-S. me parurent si saints et si complètement adaptés au besoin de notre malheureuse époque, que je lui dis avec une vivacité que je ne pus comprimer : "Pourquoi cela n'est-il pas écrit ? Pourquoi n'y a-t-il pas ici un disciple qui recueille ces enseignements et qui les fasse connaître au pauvre monde ?" Alors mon fiancé se rapprocha de moi et me dit : "Je développe la charité, je travaille à la vigne là où elle porte des fruits. Si ces paroles étaient écrites, elles auraient le sort de bien d'autres, qui sont anéanties, oubliées ou mal interprétées. Ces choses-là, et toutes celles qui ne sont pas écrites, sont plus fécondes que celles qui le sont. Ce n'est pas la loi écrite qui est la mieux observée. Tout est écrit dans le cœur des enfants de l'Église qui possèdent le triple trésor de la foi, de l'espérance et de la charité, etc."»

elles; quelques hommes seulement parcouraient les rues en poussant des cris; des groupes stationnaient sur les places publiques. Pilate convoqua chez lui les Anciens du peuple et leur demanda ce qu'ils pensaient de ces ténèbres; il y voyait un phénomène menaçant; leur Dieu était sûrement irrité de ce qu'ils avaient demandé la mort du Galiléen, leur prophète et leur roi; pour lui, il s'en était lavé les mains et il n'avait rien à se reprocher. Mais ils persistèrent dans leur endurcissement; ils prétendirent qu'il ne fallait voir dans tout cela que des phénomènes naturels et ils ne se convertirent pas. Plusieurs cependant revinrent alors à de meilleurs sentiments, entre autres les soldats qui avaient assisté à l'arrestation du Sauveur et qui avaient été renversés sous l'influence de sa parole.

Cependant une multitude considérable s'était réunie devant le palais de Pilate, et là où le matin on criait: «Crucifiez-le, débarrassez-nous de lui!» on criait maintenant: «A bas le juge inique, que le sang de la victime retombe sur ses meurtriers!» Pilate dut s'entourer de ses soldats, ne se croyant pas en sûreté, et ce même Zadoch qui, le matin, au prétoire avait proclamé l'innocence du Sauveur, poussa de tels cris à la porte du palais que le gouverneur fut sur le point de le faire arrêter. Pilate, l'homme méprisable et sans cœur, adressa alors aux Juifs les reproches les plus amers. «Il n'avait rien à se reprocher, disait-il; celui qu'ils avaient fait mettre à mort injustement étant leur roi, leur prophète, leur saint. Pour lui, il n'était pas son sujet, d'ailleurs ils étaient les seuls coupables, puisqu'il n'avait fait que céder à la contrainte.» L'angoisse et l'épouvante régnaient dans le Temple. On était occupé de l'immolation de l'agneau pascal, quand, les ténèbres arrivant tout à coup, on se trouva dans une confusion affreuse: de toutes parts retentissaient des gémissements lugubres. Les princes des prêtres employèrent tous les moyens possibles pour maintenir l'ordre. On alluma les lampes, mais la confusion devenait de plus en plus grande. Je vis Anne en proie à une profonde terreur; il allait d'un coin à un autre, essayant de se cacher. Quand je sortis du Temple, les portes et les fenêtres se balançaient, bien qu'il ne fît presque pas de vent. Je vis aussi à l'extrémité de la ville, vers le nord-ouest, endroit où se trouvaient beaucoup de jardins et de sépultures, les portes de plusieurs tombeaux s'ouvrir, comme si le sol tremblait.

Mais revenons au Calvaire où je fus bientôt ramenée. Là aussi les ténèbres subites, inattendues, produisirent un effet affreux. Au commencement, le bruit des instruments des bourreaux, les cris confus de ces hommes grossiers, les plaintes des deux larrons, les paroles outrageantes des Pharisiens, les mouvements des soldats, le départ bruyant des bourreaux ivres et furieux, avaient un instant suspendu l'impression que devait produire ce phénomène extraordinaire. Cependant les ténèbres s'étant accrues, les spectateurs étaient devenus pensifs et s'étaient éloignés pour la plupart. Ce fut en ce moment que Jésus recommanda sa Mère à Saint Jean et qu'on l'emporta à quelque distance de la croix. Il y eut alors quelques instants d'un lugubre silence. Le peuple s'inquiétait de l'augmentation des ténèbres; la plupart regardaient le ciel et sentaient en leurs âmes le réveil du remords; beaucoup se frappaient la poitrine et se convertissaient. Ceux qui étaient dans les mêmes dispositions se rapprochaient les uns des autres. Les Pharisiens, secrètement inquiets, disaient bien haut qu'il n'y avait dans tout cela rien que de naturel; cependant leur parole perdit bientôt de son assurance, et ils finirent par garder un silence presque complet; quelques-uns hasardèrent encore quelques mots, puis ils firent comme les autres. Le disque du soleil était d'un jaune foncé, comme les montagnes vues à la clarté de la lune; il était entouré d'un anneau rougeâtre; les étoiles répandaient dans le ciel une lumière blafarde. Les oiseaux venaient tomber en grand nombre sur le Calvaire et dans les vignes voisines; les animaux tremblaient et faisaient entendre de sourds grondements; les montures des Pharisiens se pressaient les unes contre les autres et laissaient retomber la tête. De sombres vapeurs couvraient toute la face de la terre.

Autour de la croix régnait un profond silence. Presque tous les assistants s'en étaient éloignés pour reprendre le chemin de la ville. Le Sauveur crucifié était en proie à des souffrances inexprimables, avec le sentiment d'un complet délaissement; uniquement occupé de son Père céleste, il lui offrit pour ses ennemis son amour et ses prières. Comme pendant toute sa Passion, il redisait les passages des psaumes qui recevaient alors leur accomplissement. Des anges se pressaient autour de lui. Lorsque les ténèbres furent arrivées à leur comble et que l'angoisse, en oppressant tous les cœurs, eut causé un silence général, je vis Jésus seul et sans consolation; il éprouva alors tout ce que souffre, au milieu des peines les plus cuisantes, un infortuné complètement délaissé et privé de toute consolation divine et humaine, quand la foi, l'espérance et la charité, seules, sans rafraîchissement, sans consolation et sans lumière, traversent, nues et dépouillées, le désert de l'épreuve et sont obligées de vivre de leur propre fonds au milieu des plus mortelles angoisses. Ce tourment est vraiment inexprimable. Par les souffrances de son agonie, Jésus mérita la force de rester courageusement attachés à la croix, unissant notre délaissement aux mérites de son délaissement, alors que nous sommes réduits aux douleurs extrêmes de l'épreuve, alors que nous voyons se rompre tous nos liens, se briser tous nos rapports avec la vie, avec le monde, avec la nature, avec tout ce qui nous entoure et que nous cessons même de voir les perspectives qui de cette vie s'ouvrent pour nous sur une autre existence. Par ses souffrances, il nous obtint la grâce de subir victorieusement l'épreuve difficile du délaissement absolu; car il offrit ses douleurs, sa pauvreté, ses tourments, son délaissement pour nous, pauvres pécheurs, alors qu'unis à Jésus dans le corps de la sainte Église, nous n'eussions plus à craindre le désespoir à notre dernière heure, alors que tout est ténèbres et qu'il n'y a plus pour nous ni consolation ni lumière. Malheur à nous si nous devions traverser seuls, sans être accompagnés, ce désert de la nuit intérieure ! Mais Jésus-Christ a jeté dans l'abîme affreux du délaissement le délaissement intérieur et extérieur qu'il a enduré sur la croix ; et ainsi les chrétiens, s'ils le veulent, sont assurés de n'être jamais seuls dans le délaissement de la mort et dans l'obscurcissement de la consolation. Il n'y a plus, pour les chrétiens, de désert, de solitude, de délaissement, de désespoir au moment de la lutte dernière, car Jésus qui est la lumière, la voie et la vérité, a répandu ses bénédictions dans cette voie ténébreuse ; il a vaincu les terreurs de l'abîme et planté sa croix au milieu du désert.

Jésus abandonné, pauvre, sans ressources, fit ce que fait l'amour : il se donna lui-même, ou plutôt il transforma son délaissement en un trésor précieux, dont il disposa en notre faveur. Il s'offrit lui-même, il offrit sa vie, ses travaux, son amour, ses souffrances et l'amer sentiment de notre ingratitude à son Père céleste en faveur de notre faiblesse et de notre pauvreté. Il fit son testament en présence de son Père et abandonna tout ce qu'il possédait à son Église et aux pécheurs. Il pensa à tous dans son délaissement, il n'oublia aucun de ceux qui doivent vivre jusqu'à la fin des siècles. Il pria aussi pour ces insensés qui prétendent follement qu'étant Dieu il n'a pu souffrir la douleur, qu'il n'a point souffert dans sa Passion ou qu'il a moins souffert que ne ferait un homme placé dans la même situation. Tandis que je m'unissais à ces prières, il me sembla lui entendre dire qu'il voulait qu'on prêchât aux fidèles qu'il ressentit plus amèrement qu'une simple créature la douleur de cet abandon, parce qu'il est Dieu et homme en même temps, et qu'ayant le sentiment du délaissement de son humanité, en sa qualité de Dieu-Homme, il avait dû vider jusqu'à la lie l'amer calice du délaissement.

Au milieu de ses cruelles souffrances, il se plaignit de son abandon et donna ainsi à tous les délaissés qui reconnaissent Dieu pour père, le droit de se plaindre à lui avec la simplicité qui convient à des enfants.

Vers trois heures, il fit entendre ce cri de tristesse : « Eli, Eli, lamma sabacthani ! » Ce qui veut dire : « Mon Dieu, mon Dieu, pourquoi m'avez-vous abandonné ! »

Ce cri s'étant fait entendre au milieu du silence absolu qui régnait alors, les ennemis du Sauveur se retournèrent du côté de la croix. L'un disait : « Il appelle Élie ; » un autre ajoutait : « Nous verrons bien si Élie viendra à son secours. » La Vierge ayant entendu la voix de son cher Fils ne put comprimer son ardent désir de le revoir de près. Elle se précipita vers la croix; Jean, Magdeleine, Marie de Cléophas et Salomé la suivirent.

Tandis que le peuple tremblait et poussait des cris de détresse, une trentaine d'hommes à cheval qui venaient de la Judée et des environs de Joppé et qui se rendaient à la fête, voyant l'état auquel le Sauveur était réduit et les signes extra-ordinaires qui se manifestaient dans la nature témoignèrent leur indignation en disant: «Si le temple du vrai Dieu n'était pas dans Jérusalem, on devrait livrer aux flammes la ville barbare qui a laissé commettre un tel attentat.» Ces paroles prononcées par des étrangers qui semblaient appartenir à des familles riches ser-virent de point d'appui au peuple. Des murmures et des clameurs éclatèrent de toutes parts; ceux qui avaient les mêmes sentiments se rapprochèrent. Tous les assistants se divisèrent en deux partis; les uns murmuraient et se lamentaient; les autres nourrissaient en eux des pensées de blasphème. Cependant les Phari-siens parlaient beaucoup moins que dans le principe; et comme ils craignaient une sédition dans le peuple et qu'ils savaient que l'agitation était grande dans Jérusalem, ils s'entretinrent quelques instants avec le centurion Abénadar; il fut convenu qu'on ferait fermer la porte voisine, afin d'interrompre les commu-nications entre les mécontents du Calvaire et ceux de la ville et qu'on ferait demander cinq cents hommes de la garde de Pilate et de celle d'Hérode, pour empêcher toute tentative de soulèvement. En même temps le centurion donna des ordres intelligents pour maintenir l'ordre et il interdit les cris des Pharisiens qui excitaient la colère du peuple.

A trois heures, les ténèbres diminuèrent un peu. La lune commença à s'éloi-gner du soleil en suivant la direction opposée. Le soleil ne répandait cependant qu'une faible lumière rougeâtre obscurcie par les nuages, et la lune se porta ra-pidement du côté opposé; on eût pu croire qu'elle allait tomber à terre. La lu-mière du soleil revint un peu à la fois et les étoiles disparurent du firmament; cependant, la terre était encore dans une demi-obscurité. Au fur et à mesure que les ténèbres diminuaient, les ennemis du Sauveur redevenaient insolents et triomphaient. Ce fut en ce moment qu'ils dirent: «Il appelle Élie.» Abénadar donnait des ordres et maintenait la tranquillité.

Quand la lumière du jour fut revenue, le corps du Sauveur parut blême, épuisé et plus pâle encore qu'auparavant, car il avait perdu presque tout son sang. J'entendis qu'il disait (je ne sais s'il ne parlait qu'à moi et pour répondre à ma prière, ou si d'autres pouvaient l'entendre): «Je suis pressé comme le raisin qu'on a foulé ici pour la première fois. Il faut que je donne tout mon sang jusqu'à la dernière goutte, jusqu'à ce qu'il ne reste plus que la peau. Mais on ne fera plus de vin en ce lieu.» J'eus plus tard une vision relative à ces paroles, où je vis en effet Japhet presser en cet endroit le raisin de sa vigne. Je la raconterai plus tard.

Cependant, le divin Sauveur était complètement épuisé. Ces mots sortirent de sa bouche desséchée: «J'ai soif,» et, comme les uns le regardaient tristement, il leur dit: «Ne pouviez-vous pas me donner un verre d'eau?» Il voulait dire que s'ils avaient profité des ténèbres, personne ne les aurait empêchés. Jean répondit tout confus: «Seigneur, nous l'avons oublié.» Et Jésus lui dit à peu près ce qui suit: «Mes proches devaient m'oublier et ne pas songer même à me donner un verre d'eau, afin que l'Écriture fût accomplie.» Cet oubli lui avait été extrêmement sensible. En ce moment, ses amis s'approchèrent des soldats et leur offrirent de l'argent pour qu'ils lui donnassent un verre d'eau. Mais ceux-ci n'en firent rien; seulement un d'entre eux trempa une éponge en forme de poire dans un petit tonneau et y répandit aussi du fiel. Mais le centurion Abénadar, dont le cœur commençait à s'attendrir, prit l'éponge de la main du soldat, exprima la liqueur qui s'y trouvait et la trempa seulement dans le vinaigre. Il attacha à l'éponge un roseau d'hysope dont on se servait pour boire, et l'ayant mise à la pointe de sa lance, il l'éleva vers le Seigneur. Le roseau arriva ainsi à la bouche du Seigneur et il put aspirer quelques gouttes de vinaigre. En ce moment, Notre-Seigneur adressa quelques dernières paroles au peuple. Je me rappelle uniquement qu'il lui dit: «Quand je ne pourrai plus parler, les morts eux-mêmes parleront pour moi.» Plusieurs s'écrièrent: «Il blasphème encore»; mais Abénadar leur imposa silence.

Cependant l'heure de Notre-Seigneur était arrivée; il luttait avec la mort et une sueur froide était répandue sur son visage. Saint Jean était debout au pied de la croix et essuyait avec un mouchoir les pieds du Sauveur. Magdeleine, anéantie par la douleur, était appuyée contre la partie postérieure de la croix. La Sainte Vierge était entre la croix de Jésus et celle du bon larron, appuyée sur les bras de Marie de Cléophas et de Salomé; et ses yeux étaient fixés sur son fils expirant. En ce moment le Sauveur dit ces mots: «Tout est accompli.» Puis, levant la tête, il cria à haute voix: «Mon Père, je remets mon âme entre vos mains.» Ce cri, doux et fort, pénétra le ciel et la terre. Bientôt après il baissa la tête et rendit l'esprit. Je vis son âme, sous la forme d'un corps lumineux, descendre le long de la croix et pénétrer dans la terre pour se rendre dans les limbes. Jean et les saintes femmes se jetèrent la face contre terre.

Depuis le moment où il avait présenté l'éponge au Sauveur, le centurion Abénadar était resté à cheval à côté de la croix. Il était profondément ému, ses yeux ne quittaient pas la face du Sauveur; il paraissait occupé des pensées les plus sérieuses. Son cheval baissait tristement la tête; et Abénadar dont l'orgueil était vaincu, laissait négligemment flotter les rênes. Cependant, le Sauveur avait prononcé d'une voix forte ses dernières paroles; il avait rendu l'âme en poussant un cri qui pénétra la terre, le ciel et l'enfer. La terre avait tremblé et le rocher du Calvaire s'était entrouvert entre la croix du Sauveur et celle de Gesmas. La voix de Dieu – voix solennelle et terrible – s'était fait entendre au milieu du silence de la nature entière. Tout était accompli. L'âme de Notre-Seigneur avait quitté son corps; son dernier cri avait frappé de stupeur tous ceux qui l'avaient entendu; la terre s'entrouvrant avait rendu témoignage à son Créateur; un glaive de douleur avait traversé le cœur de ceux qui l'aimaient. Ce fut l'heure de la grâce pour Abénadar. Son cheval trembla. En même temps son cœur fut ému; son orgueil se brisa comme la pierre du rocher; il jeta sa lance au loin, et se frappant la poitrine il s'écria à haute voix, avec la voix franche et généreuse d'un homme transformé par le ciel: «Béni soit le Dieu tout puissant, le Seigneur d'Abraham et de Jacob! Assurément c'était un homme juste. Oui, c'est vraiment le Fils de Dieu.» Et plusieurs soldats, touchés des paroles de leur chef, se convertirent comme lui.

Cependant Abénadar, transformé en un homme nouveau et ayant rendu publiquement témoignage au Fils de Dieu, ne voulut pas rester plus longtemps au service de ses ennemis. Il mit pied à terre, donna son cheval à Cassius qui monta à cheval et prit le commandement de la troupe. Abénadar descendit rapidement la montagne du Calvaire, et, traversant la vallée de Gihon, il se rendit aux cavernes de la vallée d'Hinnon ; il apprit la mort du Sauveur aux disciples qui y étaient cachés, puis il se dirigea vers le palais de Pilate.

Le dernier cri du Sauveur, le bruit de la terre qui tremblait et du rocher qui s'entrouvrait, avaient répandu la terreur parmi tous les spectateurs. Cette terreur avait été ressentie par la nature entière. Le voile du Temple s'était déchiré. Des morts étaient sortis de leurs tombeaux miraculeusement ouverts. Au Temple, plusieurs murailles s'étaient affaissées, et des montagnes et des édifices avaient été ébranlés dans les différentes parties du monde.

En même temps qu'Abénadar avait rendu témoignage à la vérité et que plusieurs de ses soldats avaient suivi son exemple, des gens du peuple et plusieurs des Pharisiens qui venaient d'arriver s'étaient également convertis. Les uns se frappaient la poitrine, poussaient de grands cris et rentraient précipitamment chez eux. D'autres déchiraient leurs vêtements et se couvraient la tête de poussière. En un mot l'épouvante était générale.

Jean se leva ; plusieurs des saintes femmes qui s'étaient éloignées se rapprochèrent. Elles aidèrent à se relever la Mère du Sauveur et ses amies, et les emmenèrent à l'écart, afin qu'elles pussent se remettre un peu de leur douleur.

Le Maître de la vie – celui qui avait voulu payer pour les pécheurs une rançon surabondante, avait recommandé son âme à Dieu et permis à la mort de porter la main sur lui. La sainte demeure du Verbe éternel, maintenant outragée et profanée, avait revêtu les sombres livrées de la mort. Son corps s'agita convulsivement et devint tout à fait blanc ; seulement le sang en se portant à ses blessures y fit des taches livides. Sa face s'allongea, ses joues devinrent pendantes ; son nez sembla plus effilé ; son menton s'appuya contre sa poitrine ; ses yeux ensanglantés se rouvrirent à moitié. Il souleva un instant sa tête chargée de la couronne d'épines et la laissa retomber sur sa poitrine, sous le poids de la douleur. Ses lèvres bleuâtres et déchirées s'entrouvrirent et laissèrent voir sa langue toute chargée de sang. Ses mains qui, d'abord, s'étaient serrées autour de la tête des clous se détendirent et s'ouvrirent en retombant sans vie. Ses bras se détendirent également, son dos se raidit contre la croix ; et tout le poids de son corps porta sur les pieds. Ses genoux se rapprochèrent l'un de l'autre en se rejetant de côté et ses pieds se crispèrent autour du clou qui les transperçait.

En ce moment, les mains de la Vierge furent comme glacées ; ses yeux se fermèrent, une pâleur de mort se répandit sur eux ; ses oreilles n'entendaient plus ; ses pieds ne pouvaient plus la soutenir, elle tomba à terre ; Magdeleine, Jean et les autres, s'étant couvert le visage, tombèrent également, accablés par une douleur inexprimable. La Mère d'amour, ayant été relevée par ses amis et ayant ouvert les yeux, vit le corps de son Fils qu'elle avait saintement conçu du Saint-Esprit – la chair de sa chair, les os de ses os, le cœur de son cœur, l'édifice saint et auguste formé en elle par l'opération de la Divinité – dépouillé de sa forme et de sa beauté, séparé de son âme sainte et livré aux lois de la nature dont il était l'auteur et que l'homme avait violées par le péché! Elle le vit déchiré, défiguré, indignement mutilé par les mains de ceux même qu'il avait voulu relever et sauver, alors qu'il était venu dans le monde, humilié, déshonoré, méprisé; il était là semblable à un lépreux, lui qui était l'assemblage de la beauté, de la vérité et de l'amour; il était sur la croix entre deux assassins! Ah! qui pourrait redire les douleurs de la Mère de Jésus, de celle que l'Église appelle avec tant de raison la reine des Martyrs? Cependant la lumière du soleil était encore pâle et voilée par des nuages. Au moment où la terre avait tremblé, l'air avait été lourd et étouffant; mais la température s'était soudainement rafraîchie. Le corps de Notre-Seigneur sur la croix présentait aux yeux un spectacle qui n'avait rien de pénible. Les deux larrons au contraire étaient affreux à voir. Ils gardaient l'un et l'autre un profond silence; Desmas parlait intérieurement.

Il était un peu plus de trois heures quand Notre-Seigneur rendit l'âme. La première terreur causée par le tremblement de terre s'était un peu dissipée: plusieurs Pharisiens reprirent leur ancienne insolence. Ils s'approchèrent de la fente du rocher du Calvaire; ils y lancèrent des pierres, attachèrent des cordes ensemble pour en sonder la profondeur, mais ne pouvant atteindre le fond, ils redevinrent pensifs; et frappés des cris désespérés du peuple qui se frappait la poitrine, ils s'éloignèrent du lieu du supplice. Plusieurs d'entre eux avaient le cœur bourrelé de remords. Bientôt le peuple se répandit dans la ville et dans la vallée voisine, en proie à une grande agitation. Plusieurs étaient convertis. Une partie des cinquante soldats romains renforça la garde de la porte, jusqu'à l'arrivée des cinq cents hommes que l'on avait demandés. La porte fut fermée et d'autres soldats furent placés en d'autres positions importantes, afin de comprimer l'agitation et d'empêcher les rassemblements. Cassius resta avec cinq soldats seulement auprès de la croix, autour du mur de clôture. Les amis de Jésus, assis auprès de l'instrument de son supplice, se livraient à la plus vive douleur. Plusieurs des saintes femmes étaient retournées à la ville. Tout était solitude, silence et tristesse autour du corps du Sauveur. Dans le lointain, dans la vallée et sur les collines voisines, on apercevait de temps à autre des disciples qui jetaient du côté de la croix des regards curieux et timides en même temps et qui se retiraient précipitamment, quand ils voyaient venir quelqu'un.

Au moment où le Sauveur remit, en poussant un grand cri, son âme entre les mains de son Père, j'avais vu son âme, sous une forme lumineuse, descendre le long de la croix et pénétrer dans la terre, accompagnée d'une troupe d'anges éclatants de lumière et au nombre desquels je reconnus l'archange Gabriel. Je vis en même temps ces anges précipiter dans l'abîme un nombre considérable de mauvais esprits qui infestaient la terre. Jésus ordonna aussitôt à plusieurs âmes des limbes de retourner dans leur corps afin d'inspirer une salutaire terreur aux pécheurs impénitents et de lui rendre un témoignage solennel.

Au moment du tremblement de terre qui accompagna la mort du Sauveur, alors que le rocher du Calvaire se fendit, la terre trembla également en beaucoup d'autres endroits, surtout à Jérusalem et dans le reste de la Palestine. A peine les Juifs qui étaient dans le Temple et dans le reste de la ville s'étaient-ils remis de la frayeur causée par l'obscurcissement soudain du soleil, que le tremblement du sol, le bruit des édifices qui s'écroulaient en différents lieux, excitaient de nouveau la terreur. Plusieurs prirent la fuite pour échapper au triste spectacle qu'ils avaient sous les yeux ; mais combien plus grande encore ne fut pas leur épouvante quand, dans les rues qu'ils parcouraient en fuyant, ils trouvèrent devant eux des fantômes qui les arrêtaient et leur adressaient d'une voix sépulcrale des reproches sévères ? Les prêtres avaient repris l'immolation de l'agneau pascal un instant suspendue, et déjà ils triomphaient du retour de la lumière, quand soudain le sol trembla ; le bruit sourd qui parcourait la terre, le craquement des murs qui se renversaient, le déchirement du voile répandirent tout à coup dans la multitude immense qui remplissait le Temple, une terreur sombre et muette ; de temps à autre les cris de désespoir succédaient au silence. Cependant le peuple était rangé avec tant d'ordre, l'immense édifice était tellement rempli, les mouvements des ministres étaient si bien réglés, les cérémonies, l'immolation, l'aspersion du sang des victimes, le chant des cantiques et le son des trompettes occupaient tellement les assistants que la confusion ne fut pas aussi grande qu'on aurait pu le croire ; et, tandis que l'épouvante était extrême partout ailleurs, on conserva dans le Temple un reste d'ordre et de tranquillité, jusqu'au moment où l'apparition des morts en plusieurs parties du Temple, vint porter la confusion à son comble et interrompre le sacrifice, comme si le Temple avait été souillé par leur présence. Cependant, alors même qu'il y eut encore un reste d'ordre dans le désordre, le peuple quitta le temple par parties ; et tandis que les uns descendaient précipitamment les degrés, les prêtres parvenaient à retenir les autres et à les empêcher de se jeter sur ceux qui les précédaient. En quelques endroits cependant la terreur fut grande et la confusion épouvantable. Pour se faire une idée du spectacle que présenta alors l'immense édifice, on peut se figurer une fourmilière dans laquelle on jetterait une pierre ou qu'on remuerait avec un bâton, au moment où tous les habitants sont à l'ouvrage. D'un côté la confusion est grande et l'on voit les fourmis se précipiter les unes sur les autres pour échapper au danger, ailleurs on travaille encore sans s'occuper de ce qui se passe dans l'autre partie de l'habitation, et, même à l'endroit où le désordre a été le plus grand, on se remet bientôt à l'œuvre.

Le grand-prêtre Caïphe et ses officiers ne perdirent pas leur présence d'esprit ; usant tour à tour de menaces et d'encouragements, ayant même parfois recours à la plaisanterie, ils surent dominer en partie le danger. Caïphe surtout affecta le calme et la tranquillité, et grâce à un endurcissement diabolique, il revint bientôt de sa terreur et ne vit point dans ces signes extraordinaires des marques de la colère de Dieu. De son côté, la garnison romaine de la citadelle Antonia fit tous ses efforts pour maintenir l'ordre. L'effroi fut donc grand dans la ville, et la fête fut interrompue, mais sans qu'il en résultât aucun mouvement dans le peuple. Il n'y eut pas autre chose qu'une angoisse extrême, que chacun reporta chez soi en s'éloignant, et que les efforts des Pharisiens parvinrent en partie à comprimer.

Mais voici d'autres incidents que je me rappelle en particulier. Les deux grandes colonnes situées à l'entrée du Saint, et qui supportaient une immense et magnifique tenture ou voile furent ébranlées sur leurs bases : celle de gauche tomba dans la direction du sud et celle de droite dans la direction du nord ; le linteau qu'elles supportaient s'affaissa, et le voile, se déchirant par le milieu, suivit les colonnes dans leur chute. Sur ce voile, qui était de différentes couleurs, étaient représentés des cercles astronomiques et d'autres figures, comme celle du serpent d'airain. L'œil put donc alors pénétrer dans le Saint. Une grosse pierre se détacha de la muraille, près de l'oratoire du vieillard Siméon, à l'entrée du sanctuaire, et la voûte de l'oratoire s'affaissa. En d'autres parties du temple, le sol trembla, les linteaux de porte furent ébranlés et des colonnes fléchirent.

Dans le sanctuaire apparut le grand-prêtre Zacharie, qui avait été immolé entre le temple et l'autel, et fit entendre des paroles menaçantes : ainsi il parla de la mort de l'autre Zacharie[16], de celle de Saint Jean-Baptiste et de la mort violente

---

[16] Nous croyons utile d'ajouter ici quelques extraits des méditations de la sœur Emmerich sur la vie du Sauveur. En 1821, elle s'occupait de la première année de la vie de J.-C. ; vers le milieu du mois de septembre, elle parla longuement des rapports de N.-S. avec un vieil Essénien du nom d'Eliua (c'était le neveu de Zacharie, le père de St Jean-Baptiste) ; il demeurait à peu de distance de Nazareth et Jésus passa plusieurs jours chez lui avant de se faire baptiser. Elle raconta une grande partie des entretiens du Sauveur avec le vieil Eliua, entretiens qui roulaient surtout sur l'histoire de la Sainte-Famille. Voici ce qu'elle dit le 10 octobre, 10 jours avant le baptême du Seigneur à St. Jean-Baptiste, quand étant dans sa 6ᵉ année, sa mère alla le trouver dans le désert. « La douleur l'avait forcée de quitter sa maison : Hérode avait arrêté Zacharie son époux, alors qu'elle se rendait à Hébron pour le service du Temple. Il lui avait fait subir de cruelles tortures et l'avait fait mettre à mort, parce qu'il refusait de lui faire connaître l'endroit

des prophètes en général. Il était arrivé par l'ouverture que la chute de la pierre avait faite dans l'oratoire de Siméon, et il adressa la parole aux prêtres qui se trouvaient dans le sanctuaire. Deux fils, morts en bas âge, du pieux pontife Siméon le Juste, l'un des ancêtres du vieillard Siméon qui prophétisa quand on présenta le Sauveur au Temple, apparurent à la façon des esprits, dans la chaire des docteurs et parlèrent en termes effrayants de la mort des prophètes, du sacrifice qui allait finir, et pressèrent tous les assistants d'embrasser la doctrine du crucifié. Le prophète Jérémie apparut près de l'autel et annonça, d'une voix menaçante, que l'ancien sacrifice était abrogé et qu'un sacrifice nouveau avait commencé. On tint cachées et on nia même ces apparitions, qui n'avaient eu pour témoins que Caïphe et quelques prêtres et on défendit d'en parler au peuple sous les peines les plus sévères. Ces prodiges furent suivis d'autres prodiges non moins étonnants. Les portes du sanctuaire s'ouvrirent d'elles-mêmes et une voix cria: «Sortons, sortons d'ici»; et je vis des anges du Seigneur abandonner le Temple. L'autel des parfums fut ébranlé; un encensoir fut renversé. La tablette sur laquelle se trouvaient les écritures fut brisée et les rouleaux se confondirent les uns avec les autres. Le trouble fut alors à son comble; on ne savait plus l'ordre des temps. Ce fut en ce moment que Nicodème et Joseph d'Arimathie quittèrent le Temple avec plusieurs de leurs amis. Des morts erraient çà et là dans le sanctuaire; plusieurs parcouraient les galeries écartées et adressaient des avertissements sévères au peuple qui s'y trouvait; puis ils rentraient dans leurs tombeaux à la voix des anges. La chaire des docteurs placée dans le vestibule fut renversée. La plupart des trente-deux Pharisiens qui s'étaient rendus au Calvaire en dernier lieu étaient revenus au Temple au milieu de cette confusion. Comme ils s'étaient convertis au pied de la croix, et que les signes extraordinaires dont ils avaient été témoins avaient produit sur eux une impression profonde, ils adressèrent à Anne et à Caïphe des reproches sanglants, puis ils quittèrent le Temple.

Anne, le plus acharné de tous les ennemis du Sauveur, qui depuis longtemps dirigeait la lutte contre Jésus et ses disciples, et qui avait même fait la leçon à ses accusateurs, était comme égaré par la terreur; il allait tour à tour se cacher dans les réduits les plus secrets du Temple. Je le vis enfin, en proie à une agitation convulsive, se retirer avec plusieurs de ses partisans dans un appartement solitaire. Caïphe avait essayé de lui rendre un peu de courage, mais il n'avait pu

---

où demeurait son fils. Plus tard ses amis ensevelirent son corps dans le voisinage du Temple. Ce n'est pas le Zacharie qui fut tué entre le Temple et l'autel. Ce dernier je l'ai vu, au jour de la mort du Sauveur, sortir de son tombeau situé auprès de celui du saint vieillard Siméon et parcourir le Temple. Ce jour-là d'autres tombeaux dont on ignorait l'existence dans le Temple s'entr'ouvrirent également.»

rien gagner sur lui ; l'apparition des morts l'avait réduit au désespoir. Caïphe, bien qu'agité et inquiet intérieurement, était tellement possédé par le démon de l'orgueil et de l'endurcissement qu'il ne sut pas laisser voir ce qu'il éprouvait. Il fit face à tout et opposa d'un front serein son orgueil et sa fureur aux signes menaçants du ciel et à son angoisse secrète. Quand il lui fut impossible de continuer le sacrifice, à cause de l'état dans lequel se trouvaient les assistants, il ordonna de tenir cachés tous les incidents, toutes les apparitions qui n'avaient pas eu lieu en présence de tout le peuple. Il répéta lui-même, et fit répéter par ses prêtres que ces manifestations de la colère de Dieu avaient été occasionnées par les partisans du Galiléen, qui étaient venus au Temple sans s'être purifiés. Seuls les ennemis de cette loi divine que Jésus avait prétendu ébranler, avaient pu causer cette épouvante ; il fallait mettre tout cela sur le compte des artifices de celui qui, au moment de sa mort, comme durant sa vie, avait troublé le repos du lieu saint. Ainsi, il parvint à calmer les uns et à intimider les autres ; beaucoup cependant continuèrent à être agités, et renfermèrent en eux ce qu'ils ressentaient. La fête devait rester interrompue jusqu'au moment où le Temple aurait été complètement purifié. Beaucoup d'agneaux destinés à la Pâque n'avaient pas été immolés, et le peuple acheva de se disperser.

On sait que le tombeau de Zacharie contre les murs du Temple avait été renversé ; des pierres même étaient tombées du mur. Zacharie était sorti de sa tombe ; mais il n'y rentra pas, et je ne sais en quel lieu il laissa sa dépouille mortelle. Les fils de Simon le Juste rentrèrent dans le caveau situé sous la montagne du Temple, au moment même où l'on déposa le corps du Sauveur dans son tombeau.

Pendant que tout cela se passait dans le Temple, une épouvante non moins grande régnait en différents quartiers de Jérusalem. A trois heures, plusieurs tombeaux s'écroulèrent, surtout de ceux qui se trouvaient dans les jardins du quartier nord-ouest. Je vis, dans les uns, des cadavres couverts de linceuls et de bandelettes ; dans d'autres, il n'y avait plus que des ossements et des lambeaux d'étoffe ; de plusieurs enfin s'exhalait une odeur insupportable. Dans le palais de Caïphe, les degrés sur lesquels le Sauveur avait été exposé aux insultes de ses ennemis furent ébranlés, ainsi que l'antichambre dans laquelle Pierre avait eu le malheur de renier son maître. Le désastre fut tel que l'on dut pénétrer dans le palais par une autre entrée. On vit apparaître en cet endroit le grand-prêtre Simon le Juste, l'un des ancêtres du vieillard Siméon ; il s'éleva en termes énergiques et menaçants contre la sentence inique qui avait été prononcée en cet endroit ; il s'y trouvait alors plusieurs membres du Sanhédrin. Les gens qui, dans la nuit précédente, avaient procuré à Pierre et à Jean l'entrée de la maison, se convertirent à ce moment et allèrent rejoindre les disciples cachés dans les cavernes des vallées solitaires. Le palais de Pilate ressentit une secousse à l'endroit où le Sauveur avait été présenté au peuple; la pierre sur laquelle on l'avait placé, éclata en morceaux; et dans la cour voisine il y eut un affaissement du sol à l'endroit où l'on avait enterré les saints Innocents immolés par Hérode. En plusieurs autres endroits de la ville, des maisons furent ébranlées et des murailles s'écroulèrent, cependant aucun édifice ne fut complètement ruiné. Le gouverneur romain, lâche et superstitieux, était au comble de l'effroi et ne pouvait donner aucun ordre. Le tremblement de terre ébranlant son palais et le sol manquant sous lui, il allait sans cesse d'un appartement à l'autre. De son portique, les morts ressuscités lui reprochaient son injuste sentence et ses contradictions. Il supposa que c'étaient les dieux du prophète mis à mort; il se renferma dans la partie la plus secrète de sa maison, offrit à ses idoles de l'encens et des victimes et leur fit un vœu, en les conjurant de lui rendre favorables les dieux du Galiléen. Hérode n'était pas moins inquiet; il avait fait fermer toutes les portes de son palais.

Une centaine de morts appartenant à des époques différentes, étaient sortis de leurs tombeaux soit dans Jérusalem, soit dans les campagnes voisines, et parcouraient différentes parties de la ville, isolés ou par groupes, arrêtant les fuyards qu'ils rencontraient, leur adressant des reproches et leur parlant du Sauveur. La plupart de ces tombeaux étaient dispersés dans la campagne; cependant il y en avait aussi un grand nombre dans la nouvelle ville, surtout dans les jardins du nord-ouest, entre la porte de l'angle et la porte du Calvaire; il y avait aussi, dans les environs du Temple, des tombeaux cachés et oubliés.

Cependant les corps que l'on avait pu apercevoir au moment où les tombeaux s'entrouvrirent ne ressuscitèrent pas tous; beaucoup de cadavres n'avaient été visibles que parce qu'ils se trouvaient dans des sépultures communes avec d'autres qui devaient ressusciter. Ceux dont Jésus avait envoyé les âmes hors des limbes, se dressèrent dans leur couche funèbre, ramassèrent les lambeaux de leurs linceuls, et parcoururent les rues d'un pas léger pour se rendre chez leurs parents. Ils entrèrent donc dans les maisons habitées par leurs descendants, et leur reprochèrent avec une juste sévérité la part qu'ils avaient prise à la passion du Sauveur. Les morts se rapprochaient de ceux qu'ils avaient connus durant leur vie, allaient pour la plupart deux à deux à travers les rues. Je ne voyais pas leurs pieds se mouvoir sous leurs longs vêtements; ils touchaient à peine la terre en marchant. Les uns avaient les mains entourées de bandelettes, les autres les avaient engagées dans les longues manches de leurs vêtements. Leurs suaires étaient relevés au-dessus de la tête; leurs faces étaient pâles et blêmes et ils portaient de longues barbes. Le son de leurs voix était rude et étrange; leur présence ne se révélait que par leurs mouvements saccadés et continuels et par le son de leur voix; ils semblaient même n'être pas autre chose que des voix. Les linceuls qui les couvraient, variaient suivant leur âge, leur condition et l'époque à laquelle ils avaient vécu. Ils s'arrêtèrent aux endroits où l'on avait publié à son de trompe la condamnation du Sauveur avant de le conduire au Golgotha, publiant ses louanges et menaçant ses meurtriers de la colère du ciel. A leur vue, on s'arrêtait, on écoutait en silence, on tremblait de tous ses membres, et on prenait la fuite quand on les voyait se remettre en route. Arrivés sur le forum, ils firent entendre des paroles menaçantes devant le palais de Pilate; et j'entendis en particulier qu'ils le traitèrent de juge sanguinaire. Les habitants se retiraient dans la partie la plus reculée de leur maison; la terreur était grande dans toute la ville. Vers quatre heures environ, les morts rentrèrent dans leurs tombes; beaucoup devaient encore apparaître après la résurrection du Sauveur. Le sacrifice ayant été interrompu et l'épouvante ayant été générale, un petit nombre de Juifs, seulement mangèrent vers le soir l'agneau pascal.

Je vis à la même heure, en d'autres parties de la Terre Sainte et en d'autres pays plus éloignés, des prodiges étranges. . . . . . .

Le frontispice et les bois ont été dessinés et gravés
par *Malo Renault*

Table des matières

LA DERNIÈRE CÈNE DE NOTRE SEIGNEUR JÉSUS CHRIST

LA DOULOUREUSE PASSION